ENDOSOS

Ben Dixon ha escrito un libro asombroso que divide el ministerio profético de tal modo que ¡hasta un niño puede entender y aprender cómo profetizar en todas partes a donde vaya! No sólo un niño lo puede lograr, sino que este libro también ayudará a todos aquellos que ya son experimentados en lo profético. ¡Yo fui profundamente inspirado y aprendí tanto al leer este libro y aplicar las verdades y revelaciones en mi vida cotidiana! He descubierto que esta es una gran herramienta que ha aumentado mi capacidad para escuchar la voz de Dios con mayor claridad. Ben es un maestro increíble, esposo, padre y amigo. Él resalta y explica a fondo las diferencias entre los ministerios proféticos del Antiguo Testamento y del Nuevo Testamento con tal profundidad y organización que todos pueden aprenderlas y aplicarlas. ¡Me emociona mucho poder ver equipada a cada persona para dar palabras proféticas como un estilo de vida en todas partes a donde vaya! ¡Es su derecho de nacimiento como un hijo de Dios!

– **Todd White, Presidente y Fundador de Lifestyle Christianity y Lifestyle Christianity University**

Vivimos en un tiempo referido como la Era de la Información, pero realmente debería ser llamado la "Era de la Desinformación". Lleno de voces confusas, falsificación de noticias y teorías que abundan en Internet, lo que necesitamos ahora más que nunca es conocer la mente de Cristo y el corazón del Padre. La habilidad más importante de este tiempo es tener la sabiduría del Cielo. El nuevo libro de Ben, *Profetiza*, es un tema justo a tiempo que se debe asimilar y desarrollar en esta generación. Ben tiene una voz profética emergente que es bíblica, relevante, y profunda. Su percepción única combinada con su fuerte don de enseñanza hace de este libro un gran tesoro. Recomiendo mucho este libro a todos los que quieren crecer en este don eterno.

– Sean Smith, PointBlank Internacional;
autor de *I am Your Sign* (*Soy Tu Señal*) y
***Prophetic Evangelism* (*La Evangelización Profética*)**

He conocido a Ben Dixon durante al menos una década a través de nuestro compañerismo en el ministerio. Cada vez que hemos ministrado juntos ha resultado en profundos momentos proféticos. Ben es un gran maestro que expone la Palabra de Dios con confianza y autoridad. También es un predicador cautivador quien articula la verdad con confianza y autoridad aseguradas.

Además, Ben es un autor maravilloso que escribe con una percepción profética profunda. Su libro, *Profetiza*, contiene la verdad de la Palabra de Dios que animará enormemente, exhortará y edificará a creyentes individuales e iglesias. He sido bendecido por la percepción cuidadosamente expuesta por Ben en este libro y lo recomiendo como un manual para el estudio y enseñanza de la profecía y ministerio profético. ¡Creo que Dios se moverá y bendecirá a cada persona que lea estas páginas!

– Dr. Leslie Keegel, Presidente de La Iglesia Cuadrangular, Sri Lanka;
Director, Iglesia Cuadrangular Global

Endosos

Ben Dixon ha dado su vida para ayudar a desarrollar a seguidores de Jesús que sean capaces de oír la voz de Dios y ser usados por Él de maneras poderosas para el Reino. Ben tiene una sólida trayectoria en la formación de personas para que sean portavoces de Dios de manera auténtica. Ben enseña constantemente a otros a escuchar, obedecer y hablar desde una posición de humildad y empoderamiento del Espíritu Santo. Ben tiene un ministerio profético fuerte y fácilmente lo podría haber usado para lucir su regalo del Cielo, pero en cambio, ha trabajado mucho para desarrollar a otros. Este libro será un gran recurso para todos los que desean ser portavoces más eficaces de Dios.

– Dave Veach, Supervisor del Distrito Noroeste de la Iglesia Cuadrangular

La perspectiva de Ben sobre lo espiritual es muy práctica — y en absoluto misteriosa o loca. Él cree, como yo, que todos podemos hablar palabras impulsadas por el Espíritu de Dios, pero no nos hace autómatas sin sesos. No necesitamos cambiar nuestros acentos ni usar lenguaje antiguo para pronunciar palabras de percepción penetrantes y reveladoras.

Esto me trae a otra razón por la que te animo a leer el libro de Ben: no escribe ni actúa como un hombre del espectáculo que quiere sorprender a la multitud haciendo trucos que parecen imposibles. En lugar de ser un mago, Ben es un mentor. Te ayudará a aprender a escuchar la voz de Dios y hablar lo que oyes. ¡Aun si no te gusta leer, querrás leer esto!

– Daniel A. Brown, PhD, Plantador de Iglesias; autor de *Embracing Grace (Abrazando La Gracia)* y *The Journey (El Viaje)*

Profetiza, por mi amigo Ben Dixon, es inspirador y educacional. Ben utiliza sus años de experiencia personal para profetizar la palabra del Señor y entrenar a otros de una manera poderosa y centrada. Este libro trata profundamente lo que es la profecía y cómo se puede profetizar. Lo recomiendo para los curiosos, los principiantes, y hasta para las voces proféticas experimentadas. El poder detrás de este libro está no solo en el estudio inmenso de Ben y su conocimiento, sino también en su vida de integridad y sus poderosas experiencias de caminar sobre lo que enseña. Ben ha enseñado para mi ministerio en reuniones de la iglesia, campamentos, conferencias y clases del Instituto Bíblico. Su ministerio siempre causa mucho fruto en aquellos que le han oído, y él tiene una trayectoria precisa en el ministerio profético. Apoyo de todo corazón el ministerio de Ben y su nuevo libro, *Profetiza*.

– John Hammer, Pastor Principal
Sonrise Christian Center (Centro Cristiano de Sonrise)

La iglesia de Jesús necesita profetas. La mayor parte de los cristianos nunca han sido enseñados en el uso de los dones espirituales porque creen que son para otra persona. Algunos tienen una visión desafortunada de que no pueden confiar en los profetas y que el don de profecía es opcional para la salud de la iglesia.

Ben Dixon entra en esta dinámica y nos ofrece gran ayuda. Ben desea que todos acepten la realidad de que podemos profetizarnos unos a otros para la edificación mutua — que también nosotros podemos vivir una vida empoderada por el Espíritu según las directrices de Dios. Creo que *Profetiza* es un libro que nos hará avanzar en estos asuntos. *Profetiza* es el producto de casi veinte años de aprendizaje con un deseo profundo de ayudar a tantos como sea posible a andar en la provisión de Dios a través del Espíritu Santo.

– Chris Manginelli, Pastor Principal
Iglesia Cuadrangular de Mill Creek

Según el apóstol Pablo, el objetivo primario de los que andan en un ministerio profético es *capacitar al pueblo de Dios para la obra de servicio* (Efesios 4:11-12). Este ministerio indudablemente se relaciona con la enseñanza y el entrenamiento de la iglesia de Cristo para escuchar la voz de Dios y hablar proféticamente lo que han escuchado por el Espíritu de Dios.

Ben Dixon entiende este principio y práctica y ha dado su vida para ayudar al pueblo de Dios a entender cómo escuchar la voz de Dios y hablar lo que han oído con una combinación de humildad y audacia. Este libro define, defiende y describe la responsabilidad privilegiada de poder profetizar en nombre del Señor. Lo recomiendo incondicionalmente.

– **Dale Evrist, Pastor Principal/Fundador**
Cántico Nuevo Nashville

PROFETIZA

PROFETIZA
PROCLAMANDO LA VOZ DE DIOS

BENJAMIN DIXON

Copyright © 2021 por Ben Dixon

Editorial – Ignite Global Media

Todos los derechos reservados. Este libro está protegido por las leyes de derechos de autor de los Estados Unidos de América. Ninguna parte de este libro puede ser reproducida, guardada en un sistema de recuperación, o transmitida en cualquier forma o por cualquier medio, electrónico, mecánico, fotocopia, grabación, escaneo u otro. Se permite y fomenta el uso de citas cortas o la copia ocasional de páginas para el estudio personal o en grupo. Permiso para otros usos deben ser obtenidos del editor o del autor.

Todas las citas de la Escritura se toman de la NUEVA VERSIÓN INTERNACIONAL®, Copyright © 1973, 1978, 1984, 2011 por Biblica, Inc.® Usado con permiso. Todos los derechos reservados en todo el mundo.

Ignite Global Media
Federal Way, Washington

Sitio web: www.igniteglobalministries.org
Correo electrónico: info@igniteglobalministries.org

Diseño de portada por Marina Smith y Kevin Lepp
Atribución a https://www.vecteezy.com por una porción del gráfico del micrófono

Catalogación del Editor – Datos de publicación

Library of Congress Control Number: 2021913537

ISBN:	978-1-950742-12-7	pasta de papel
	978-1-950742-13-4	ebook

Dedico este libro a mi esposa, Brigit Dixon.

*Eres una esposa cariñosa, una amiga fiel, una madre dinámica,
y una verdadera amante de Dios.*

*Estoy tan agradecido por cómo has creído a Dios conmigo
por lo que no siempre podemos ver.*

*Gracias por orar, amar, servir, creer,
y perseverar por lo que Dios quiere en nuestra vida.*

¡Te amo!

CONTENIDO

Introducción — xv

Capítulo 1	Mi Viaje Profético	1
Capítulo 2	¿Qué es la Profecía?	13
Capítulo 3	Todos Pueden Profetizar	27
Capítulo 4	Los Profetas de Antaño	41
Capítulo 5	Los Profetas de Jesús	55
Capítulo 6	Los Falsos Profetas	75
Capítulo 7	Los Dones Proféticos	91
Capítulo 8	El Propósito de la Profecía	105
Capítulo 9	Recibiendo Palabras Proféticas de Dios	121
Capítulo 10	Aprendiendo a Profetizar	139
Capítulo 11	Creciendo en lo Profético	159
Capítulo 12	Desarrollando una Iglesia Profética	175

Notas Finales — 189

Sobre el Autor — 191

INTRODUCCIÓN

Es verdad. Hay muchos buenos libros sobre el don profético y el ministerio. De hecho, recomiendo regularmente un puñado de ellos. Así que ¿por qué escribí otro libro sobre este tema? Bueno, eso tiene mucho que ver con la historia de mi encuentro con Jesús. Antes de que supiera lo que significaba profetizar, empezó a sucederme a mí. Recuerdo haber pensado "¿Soy raro?" — HASTA QUE empecé a leer historias en la Biblia que sonaban similares a lo que me estaba pasando. Nunca pedí ser profético. Nunca leía sobre los profetas en la Biblia y pensaba "¡Quiero ser uno de esos tipos!" Tampoco quería tener una etiqueta que de alguna manera hiciera que los demás pensaran que yo era más espiritual que ellos. Para ser honesto, el ministerio profético me ha traído una buena cantidad de rechazo, dolor, cuestionamientos, y, a veces, soledad a lo largo del viaje.

He recibido palabras proféticas que literalmente han cambiado mi vida. Además, he observado el poder de un momento profético lavar años de desánimo y dolor de la vida de muchos, cuando nada más había funcionado. Este ministerio es un tesoro que Dios nos ha dado, pero requiere de una adecuada comprensión y administración para recibir el máximo beneficio que Dios pretende. Yo soy bien consciente del daño que se ha hecho en nombre de lo profético. Sin embargo, creo que debemos reclamar este ministerio y re-entrenar al cuerpo de Cristo para que lleve esta preciosa bendición con pasión, integridad y claridad.

Sé que todavía tengo mucho que aprender en esta área específica, pero estoy seguro de que lo que he aprendido tiene el potencial de ayudar a los que realmente desean saber y crecer proféticamente. Escribí este libro para los que son llamados a profetizar. Escribí este libro para los que son escépticos a lo profético. Escribí este libro para los que quieren aprender cómo ayudar a la gente profética a desarrollarse. Escribí este libro porque creo que NECESITAMOS lo profético, que es la razón por la cual Dios nos lo dio.

¿Cómo sería si cada iglesia tuviera un ministerio profético saludable? Mientras viajo de iglesia en iglesia, pienso en esta misma pregunta. La mayoría de los lugares buscan tener una enseñanza sólida, una adoración apasionada, un liderazgo fuerte y una visión convincente. Sin embargo, yo no he visto muchas iglesias que estén desarrollando un ministerio profético saludable y fructífero. Mi esperanza es que este libro ayude a aclarar lo que el ministerio profético realmente es y por qué deberíamos desear esto para nosotros mismos, nuestras iglesias y el mundo que nos rodea.

Es con esta esperanza que oro las palabras del apóstol Pablo sobre cada persona que toma este libro y lo lee: "Empéñense en seguir el amor y ambicionen los dones espirituales, sobre todo **el de profecía**" (1 Corintios 14:1, énfasis en negrita añadido).

Benjamin Dixon
Ignite Global Ministries
www.IgniteGlobalMinistries.org

Capítulo 1

Mi Viaje Profético

Jesús dijo: "Mis ovejas oyen mi voz; yo las conozco y ellas me siguen" (Jn. 10:27). No solo creo en lo que dijo Jesús, sino que escuchar la voz de Dios ha sido mi experiencia desde el primer día en que me convertí en cristiano. Cuando uno lee las palabras de Jesús parece bastante claro que esto es lo que Él desea para todos. En mi primer libro, *Escuchando a Dios*, mi punto principal es que todos podemos escuchar la voz de Dios personalmente. En *este* libro, mi punto principal es que todos podemos escuchar la voz de Dios *proféticamente*. Con esto quiero decir que Dios quiere hablarnos a través de otros de una manera que revele la persona y los propósitos de Jesús.

En este libro encontrarás muchas Escrituras, testimonios del poder de Dios, pensamientos alentadores y principios claros. Pero seamos honestos: leerás todo esto a través del lente de mi propia perspectiva personal. Aunque ciertamente no hay nada malo con eso, creo que es vital que sepas de dónde vengo si quieres visualizar el tema como se ve a través de mis ojos. El poder sobrenatural de Dios, y el don profético específicamente, jugaron un papel enorme en abrirme los ojos a la realidad de Jesús. Mi vida se ha transformado, mi pensamiento ha sido desafiado, mis dudas se han aplastado... y no hay vuelta atrás para mí. Me he sumergido oficial y completamente en la realidad de lo que estoy a punto de compartir contigo. Con esto en mente, permíteme empezar a compartir un poco de mi propio viaje profético, muy abreviado, pero aún (espero) con honestidad y vulnerabilidad.

Un Encuentro Sobrenatural con Dios

Era 1999, y mi vida parecía un desastre total. Tenía 19 años y ya era drogadicto, sexualmente inmoral y lleno de ira. Claro que sí, fui a la iglesia mientras crecía, pero no era real para mí. Pensaba que la gente de la iglesia era falsa, los servicios de la iglesia aburridos, y la historia de Jesús era más un cuento de hadas que un evento histórico o una poderosa realidad. Conocía muchas de las historias bíblicas: Jesús convierte el agua en vino, sana a un ciego, camina sobre el agua, expulsa demonios de la gente, etc. Este es el punto: esas historias eran *solo* historias para mí. No vi estas cosas ocurriendo hoy en día, lo que hizo fácil descartar por completo la Biblia, la iglesia y la realidad de Dios.

Como puedes ver, no estaba buscando a Dios, pero no me di cuenta en ese momento que Dios me perseguía sin descanso (Lc. 19:10). Durante unos tres meses me enfrenté a una serie de circunstancias que me forzaron a confrontar mi incredulidad y reconsiderar mis pensamientos sobre Jesucristo. Un día durante ese tiempo, estaba en el supermercado comprando un chicle, y la señora de la caja empezó a hablar conmigo sobre Jesús. Recuerdo que pensé, "¿Por qué estás hablando conmigo sobre Jesús? ¡Solo quiero comprar un chicle!" Otro día, un amigo mío, con el que me drogaba, estaba en mi casa, y mientras hablábamos, dijo: "Ben, sabes que no estás hecho para este tipo de vida. ¡Se supone que debes estar haciendo otra cosa!" Su comentario se repetía en mi mente constantemente durante los próximos meses.

Encontré estos y muchos otros momentos aparentemente "aleatorios" mayormente irritantes hasta que empecé a darme cuenta de que tal vez no eran tan al azar después de todo. Una noche estaba conduciendo hacia la autopista, medio sobrio solamente, y tomé la curva de la rampa de acceso a unas 85 mph. Desesperadamente, pisé los frenos, pero era demasiado tarde; mi coche se descontroló y me dirigí directamente hacia la barrera de cemento. Recuerdo haber pensado: "¡Voy a morir!" En serio; yo pensaba que iba a morir en ese mismo momento. De repente, mi coche se detuvo abruptamente a unos 15 pies de la barrera de cemento, tan abruptamente, de hecho, que mi cabeza se estrelló contra la ventana y las dos ruedas del lado del conductor se doblaron debajo del coche a un ángulo de 45 grados. Cuando salí del coche, me quedé completamente perplejo al ver cómo había sucedido esto, pero el pensamiento inicial que llegó a mi mente era, "¡Dios me perdonó la vida!" Mientras que este evento era totalmente inexplicable, todavía pasé las siguientes semanas intentando en vano darle un sentido lógico a todo.

No mucho después de esto, llegué a casa una noche y me fui directamente a mi cuarto. Al caer al suelo, pensé profundamente sobre mi vida. Mi corazón estaba reflexionando y luchando sobre la realidad de Dios, y en ese momento, dije en voz alta, "Jesús, si eres real, entonces necesito que te reveles, y te daré mi vida". Esto fue una simple oración que fue simplemente contestada. Inmediatamente, empecé a sentir la presencia de Dios de una manera tan literal que completamente me sacudió, y todo lo que pude hacer fue llorar. En medio de todo esto tuve una visión (aunque no sabía lo que era una visión) de los momentos en los que Dios había estado presente en mi vida, y yo nunca lo había reconocido. Esa noche experimenté la voz de Dios de múltiples maneras. Ahora sabía que Dios era real y que yo nunca sería el mismo. Cuando me desperté al día siguiente, ya no quería más drogas. Ya no quería el pecado sexual. Mi ira contra todo comenzó a convertirse en amor por la gente, y todo lo que quería era hablar sobre Jesús. Esto fue nada menos que algo sobrenatural. Sin embargo, esto fue solo mi introducción al Dios de lo sobrenatural, como pronto lo aprendería.

Un par de amigos míos se hicieron cristianos por la misma época que yo. Todos estábamos hambrientos de las cosas de Dios, así que empezamos un estudio Bíblico semanal juntos. Durante la oración al final de uno de nuestros estudios, justo cuando alguien empezó a orar, algo que se sintió como electricidad tocó mi cuerpo de la cabeza hasta los pies durante unos treinta minutos. Me alegra haber estado sentado en una silla; de lo contrario, estoy seguro de que me habría caído al suelo. No podía moverme. No podía hablar. Estaba tan abrumado por la presencia de Dios que quería sentarme ahí todo el día. Más tarde llegué a comprender este encuentro con la presencia de Dios como el Bautismo con el Espíritu Santo. Mi amor por Jesús y Su Palabra, y mi deseo de hablar de Él con todos, pasaron de ser fuertes a estar completamente por las nubes. Mi nuevo celo era verdaderamente incontenible.

Ojos que Ven y Oídos que Oyen

Después de salir del estudio Bíblico ese día, algo extraño comenzó a sucederme. Fue como si mis ojos y oídos espirituales se hubiesen abierto de una manera que no me esperaba ni entendía completamente. Todo comenzó con un puñado de sueños recurrentes sobre gente que conocía, sueños tan vívidos y claros que cuando me despertaba, pensaba que en realidad habían pasado. ¿Adivina qué? Durante las siguientes semanas, algunos sueños que yo experimenté *realmente sucedieron*.

Una noche soñé que entraba en un cuarto pequeño con puertas dobles donde encontré un grupo de hombres sentados, listos para tener un estudio Bíblico. Me senté en el círculo y miré al hombre que parecía ser el líder del estudio y le puse toda mi atención. Él no me dijo nada, y yo no le dije nada a él, pero me di cuenta de todo sobre él, desde el color de su cabello, hasta sus gafas y su sonrisa. Entonces, me desperté. El sueño se terminó. Recuerdo pensar, "Qué raro". Una semana más tarde un amigo me invitó a un estudio Bíblico en una iglesia local, y como estaba libre esa noche, decidí ir con él. Dentro del edificio de la iglesia subimos las escaleras y entramos en un cuarto con puertas dobles donde un grupo de hombres estaban sentados juntos. Me senté con ellos justo al lado de mi amigo. Mientras miraba al líder, casi me caí de la silla. De verdad, el líder del estudio Bíblico era el mismo hombre que había visto en mi sueño la semana anterior. Nunca había conocido a este hombre y nunca había estado en esa iglesia. Me sonrió, se presentó, y luego procedió a dirigir el estudio Bíblico durante las siguientes horas. Honestamente no puedo recordar de qué se trató el estudio porque toda la noche me llamó la atención el hecho de que había visto eso en un sueño y no tenía ni idea el por qué.

Al final del estudio Bíblico esa noche, el líder me llamó a parte y me invitó a ministrar con él en una prisión local a fin de mes. Acepté la invitación. Unos tres días antes de que fuéramos a la prisión, tuve otro sueño, en el que entré en un gran cuarto del tamaño de un gimnasio que era blanco del suelo al techo. Los pisos eran blancos, las paredes y los techos eran blancos, e incluso las mesas y las sillas eran blancas. De repente, otra puerta se abrió y cientos de hombres vestidos con monos de prisión rojos y anaranjados entraron en el cuarto y se sentaron en las mesas. De pie al frente con un micrófono, compartí mi testimonio personal y presenté un mensaje simple del evangelio sobre cómo Jesús vino y dio Su vida por el perdón de nuestros pecados. Cuando terminé de predicar, hice un llamado al altar y docenas de hombres se acercaron para responder a Jesús por primera vez. Justo allí me desperté. Decidí anotar el sueño porque, en este momento, estaba casi esperando que algo pasara.

Tres días después me reuní con mi nuevo amigo del estudio Bíblico y un grupo de hombres que regularmente ministraban en las prisiones. Cuando llegamos a la prisión, me enteré de que facilitaríamos cuatro servicios en tres áreas separadas de una prisión muy grande. A medio camino del día ya habíamos facilitado dos servicios y nos dirigíamos a nuestra tercera ubicación, donde tendríamos nuestros servicios finales del día. Los guardias nos escoltaron a la cafetería de los reclusos, que era el único edificio suficientemente grande para albergar el número de hombres que se esperaba que aparecieran. Entramos en el edificio y todo lo que podía ver era blanco. Pisos blancos. Paredes blancas. Mesas blancas y sillas blancas. Cuando empezamos a preparar nuestro equipo para el servicio, uno de los líderes me pidió que predicara el mensaje. "Claro", le respondí. No sé por qué le dije que sí. Nunca había predicado un sermón ni tampoco había escrito un mensaje, pero sin pensar, acepté. En el rincón más alejado se abrieron las grandes puertas y durante los siguientes cinco minutos saludé a cientos de hombres que llevaban monos de prisión rojizos-naranjas. El sueño que había recibido volvió a inundar mi mente y estaba realmente abrumado. Había visto literalmente este momento antes de que ocurriera; todo sobre ello, desde el lugar, hasta la gente, e incluso la predicación. Después de comenzar el servicio con la adoración, empecé a predicar un mensaje simple de 20 minutos sobre el perdón que se encuentra en Jesús. Exactamente como en mi sueño, hice un llamado al altar y más de 30 hombres se acercaron para que orara por ellos para que Dios les perdonara sus pecados y les diera nueva vida a través de Cristo. En ese momento de mi vida esta experiencia fue probablemente el momento de oración más poderoso que jamás había experimentado.

Los sueños como este me inculcaron una profunda hambre por lo sobrenatural y una expectativa de que Dios compartiera cosas conmigo proféticamente. Empecé a orar regularmente por la gente de mi iglesia y en todos los lugares a los que iba. Mientras oraba por la gente, a menudo veía imágenes proféticas o escuchaba frases simples del Espíritu Santo. Yo compartí tantos de estos momentos proféticos con la gente que algunos también comenzaron a esperar un ministerio profético de mí. No siempre tenía palabras para la gente, e incluso cuando las tuve, no eran necesariamente profecías detalladas y profundas que cambiaron el futuro de sus vidas. Pero siempre vinieron con fortaleza, ánimo y consuelo (1 Co. 14:3). Yo sabía que esto era auténtico, pero no sabía cómo explicarlo a la gente a mi alrededor, incluso cuando lo que dije se hizo realidad. Necesitaba aprender más sobre lo que era esto y lo que la Biblia decía al respecto.

Decidí hablar con un pastor sobre lo que pasaba, y rápidamente me quedó muy claro que él pensaba que estaba exagerando o delirando. Básicamente me dijo "cíñete a la Biblia". Y eso es lo que hice. Leía la Biblia todos los días. Algunos días leía la Biblia por varias horas. Cuanto más leía la Biblia, más me daba cuenta de que Dios le habla a la gente a través de sueños, visiones, imágenes y muchas otras maneras. Esto me animó mucho. Leí sobre Abraham, Jacob, Josué, Gedeón, Daniel... y la lista continúa. Todas estas personas recibieron sueños, visiones y palabras proféticas de Dios, y eso fue suficiente para convencerme de que lo que estaba experimentando era de Dios también. Pero el hecho era que yo no sabía lo que no sabía, y necesitaba encontrar una persona o un lugar donde pudiera aprender y crecer en mi comprensión y práctica del ministerio profético.

Que Comience el Entrenamiento

No tenía ni idea de por dónde empezar a aprender, así que decidí visitar un montón de diferentes iglesias. Vivo a unos 35 minutos al norte de Seattle, Washington, así que busqué primero en mi zona y solo encontré una iglesia que hablaba abierta y consistentemente sobre los dones del Espíritu, o profecía, en particular. Luego amplié mi radio de una hora desde donde yo vivía. Para ser honesto, no pude encontrar mucho. Eso no quiere decir que no había iglesias o ministerios en mi búsqueda que me ayudaran a crecer en lo profético; simplemente que no podía encontrarlos sin importar a cuántas iglesias asistiera. Yo estaba bastante desanimado. Fui a la librería cristiana local para comprar algunos libros sobre el don profético. Mientras examinaba la pequeña sección carismática, mis ojos se fijaron en un libro con tapa roja y negra. Escrito por un hombre llamado John Paul Jackson, su título era, *Desenmascarando el Espíritu de Jezabel*[1]. Parecía un libro interesante, así que empecé a leer un poco de eso en la tienda. La información en la parte de atrás del libro mencionó que el autor era profético, así que lo compré y en solo dos días lo leí desde el principio hasta el fin.

Queriendo aprender más sobre el autor, me conecté a su sitio web. Para mi sorpresa, descubrí que John Paul Jackson sorprendentemente tenía una escuela que ofrecía clases sobre cómo escuchar la voz de Dios, el ministerio profético y la interpretación de sueños. Estas clases estaban por todo el país, pero sucedió que en ese momento tenían una que comenzaría en una iglesia en el este de Washington, a unas cinco horas de mi casa. Me inscribí y en pocos meses estaba en camino. Conduje hasta el este de Washington varias veces para poder tomar todas las clases, cada una de las cuales duraba tres días y de seis a ocho horas por día. Yo estaba inmerso en un mundo profético que normalizó completamente lo que yo había estado experimentando durante los dos años anteriores. Durante nuestras clases estudiamos casi todas las visiones y sueños de la Biblia. Practicamos el ministerio profético durante horas orando unos por otros, compartiendo lo que escuchamos, y permitiendo la retroalimentación para determinar si lo que dijimos era correcto o equivocado. Incluso tuvimos oportunidades de salir a tiendas y negocios locales para orar por la gente y compartir las palabras proféticas que Dios puso en nuestros corazones. Estas clases fueron una plataforma de liberación para mí y un gran punto de partida para mi viaje profético.

Durante este tiempo, aprendí mucho de muchos ministros proféticos conocidos en todo el cuerpo de Cristo. Compré montones de libros y enseñanzas en audio que repasé docenas de veces. Estas enseñanzas me ayudaron a ampliar mi base mientras crecía en mi comprensión y práctica del don profético. También leí sobre los avivamientos históricos de Gales y de la calle Azusa, así como los avivamientos modernos más recientes como el Movimiento del Pueblo de Jesús, la Bendición de Toronto y el Derramamiento de Pensacola. Rápidamente me enteré de las conferencias Proféticas y Carismáticas que se llevaban a cabo en todo Estados Unidos y asistí a todas las que podía. Yo estaba muy hambriento por la presencia y el poder de Jesús. Tuve muchas experiencias increíbles en todos estos eventos, pero debo admitir que también vi muchos ejemplos raros, malos e incluso abusivos del ministerio profético. Cuando la gente comparte sobre los abusos de los dones espirituales, entiendo de lo que hablan. Mientras lo malo exista, es importante que no permitamos que esos ejemplos se conviertan en un obstáculo para el desarrollo de lo verdadero (1 Ts. 5:19-22).

Durante este tiempo, asistí a una Conferencia Profética en el este de Washington. Me presenté en el lugar, me registré y me dirigí a conseguir un poco de café. Mientras estaba en la fila, un hombre se puso detrás de mí, así que me di la vuelta y empecé una conversación con él. Fue al principio una charla sencilla. Sin embargo, cuando me enteré que él era el orador para la conferencia esa noche, de repente sentí la presión de decir algo "importante"; ya sabes lo que quiero decir. Me llamó a parte y, sin siquiera orar, comenzó a profetizar sobre mí. "Tú vas a escribir libros, profetizarás, e irás a muchas naciones…" Esta profecía duró varios minutos, y hasta el día de hoy creo que solo puedo recordar la mitad. A los 23 años, todo lo que realmente escuché en ese momento fue: "Eres increíble, serás increíble, y lo increíble está en tu futuro". Lo que quiero decir es que todo el mundo quiere oír una profecía de prominencia, ¿verdad? Por supuesto, nunca pensamos en el trabajo involucrado ni los sacrificios que son necesarios para cumplir con tales profecías. Estoy Seguro que no. Todo lo que sé es que me sentí genial porque alguien me dijo que Dios iba a usar mi vida de una manera que importaría. Esta fue la primera de varias afirmaciones proféticas que me llamó a enfatizar y cultivar el ministerio profético.

Pasó un tiempo y ahora era pastor de jóvenes en una iglesia en Kirkland, Washington. Una mañana de domingo en particular nuestro pastor principal me pidió que predicara el sermón para nuestro servicio principal. Cuando yo terminé el sermón y cerré el servicio, un invitado que había ido por primera vez se me acercó y dijo, "¡Dios te ha llamado para entrenar a la gente a escuchar la voz de Dios y profetizar!" Compartió algunas cosas más y entonces preguntó si podía orar por mí. "¡Claro que sí!" –le dije. Cuando empezó a orar, me sentí abrumado y después le agradecí por compartir la palabra profética. Además, le di mi número de teléfono, así que podríamos mantenernos en contacto. Unas semanas más tarde el mismo hombre me llamó y me dejó un mensaje en mi teléfono. Cuando le devolví la llamada, él dijo, "El Señor me dio un sueño anoche. Estabas enseñando a la gente sobre cómo escuchar la voz de Dios, como te dije hace unas semanas. Solo que esta vez, yo escuché al Señor decir que tienes que empezar a dar lo que tienes o lo perderás". Hablamos un poco más, y le agradecí por compartir esto conmigo. Para ser honesto, no estaba realmente seguro de qué hacer con lo que dijo.

En ese momento, yo estaba luchando seriamente con el rechazo, y aunque no me odiaba a mí mismo, definitivamente no era el tipo de persona que pensaba que Dios iba a usarme de alguna manera significativa. Creo que por eso, en parte, tuve tantas afirmaciones proféticas. Puede que las haya necesitado para activar lo que el Señor quería que hiciera. Sin embargo, yo realmente no sabía cuál era el siguiente paso. Y mientras cuestionaba el "lo perderás", sabía que tenía que hacer algo.

Libremente Has Recibido, Libremente Darás

En un lapso de unos dos años hice la transición por varias iglesias, me casé con mi esposa, Brigit, me convertí en padrastro de sus dos hijos, y comencé una carrera inmobiliaria. Continuaba recibiendo confirmaciones proféticas y llevaba una carga de entrenar a la gente para escuchar la voz de Dios, pero yo estaba todavía tratando de encontrar la mejor manera de implementar lo que estaba en mi corazón. Decidí tomarme unos cinco meses de descanso del trabajo para desarrollar algunos materiales que me ayudarían a discipular a la gente para que profetizaran. Era durante esa época en que escribí mi primer manual de entrenamiento, que fue la semilla de mi libro, *Escuchando a Dios*, e incluso este libro que estás leyendo ahora mismo. Me conecté con algunas personas de mi iglesia que estaban hambrientos de la presencia de Dios y comencé una reunión regular en mi casa. Más de 30 personas se presentaron en nuestra primera reunión, pero nos pudimos meter en la sala. Tenía un modelo simple que sigo usando hasta el día de hoy: enseñar a la gente de la Biblia, hacer una demostración de cómo escuchar a Dios y profetizar, y dar espacio para que todos hagan lo mismo. Recibimos a nuestro grupo base cada mes, pero después de nuestra segunda reunión simplemente no teníamos espacio para acomodar la cantidad de gente que quería participar.

Movimos el grupo base a nuestra iglesia y llamamos a la reunión mensual "Escuchando a Dios". En el segundo año teníamos más de 100 personas reunidas con nosotros cada mes, y seguía creciendo. Mientras que ciertamente había un núcleo de gente consistente que asistía, también teníamos decenas de nuevas personas de diferentes edades, lugares e iglesias. La gente ciertamente venía para aprender, pero la mayoría de las veces venían para recibir una palabra profética personal y ver si Dios los usaba para dar una. Implementamos varios ejercicios para escuchar de Dios que fueron efectivos para entrenar a la gente en cómo ministrar proféticamente. Un ejercicio común que usamos fue hacer que algunas personas se pararan en frente mientras todos los demás en el grupo oraban por ellos. Entonces yo caminaría por los pasillos, pasando el micrófono para aquellos que sintieran que tenían una palabra profética para alguna persona que estuviese de pie al frente. Ver a la gente dar una palabra profética por primera vez nunca pasa de moda. Los testimonios fueron increíbles de cómo el Dios de la Biblia se hizo real para la gente a través de una profecía personal.

Después de unos cinco años de ser anfitrión de las reuniones mensuales de "Escuchando a Dios", decidí organizar seminarios y conferencias, para lograr más entrenamiento en menos tiempo. En el 2013, incluyendo todas nuestras diferentes reuniones, probablemente entrenamos cerca de 4.000 personas en escuchar la voz de Dios y en el ministerio profético. Estaba viendo literalmente el cumplimiento de lo que Dios dijo que yo iba a hacer a través de las palabras que había recibido. Repasando la palabra profética original que recibí en el este de Washington, yo sabía que necesitaba tomar todos mis materiales y ponerlos en un libro para que pudiéramos compartir una perspectiva bíblica y práctica sobre este tema tan importante. Pasé el resto del 2013 escribiendo mi primer libro, *Escuchando a Dios*, y lo lancé en 2014. Hemos usado este libro en nuestra iglesia y muchas otras para establecer la realidad de escuchar la voz de Dios. Ahora, con este libro, *Profetiza*, quiero tomar el siguiente paso de traer la visión, la salud y el proceso al ministerio profético personal y congregacional.

Mientras que el discipulado de los creyentes y la evangelización del mundo siguen siendo el propósito principal de la iglesia, creo que Dios nos ha dado el don profético como una herramienta para ayudarnos a lograr la misión. Mi viaje profético ha sido único, y creo que ilustra cómo Dios trabaja en muchas de nuestras vidas tanto directamente como indirectamente para Sus propios propósitos. Es con esto en mente que comparto los siguientes principios y perspectivas que finalmente nos permitirán escuchar la voz de Dios personalmente, comunicar la voz de Dios proféticamente y prestar atención a la voz de Dios por completo.

Capítulo 2

¿Qué es la Profecía?

Si preguntaras "¿Qué es la profecía?" a 10 personas diferentes, supongo que obtendrías 10 respuestas diferentes. Mientras que alguien podría acertar, la mayoría se equivocaría debido a la ignorancia (falta de enseñanza) o a la confusión (enseñanza incorrecta). De cualquier manera, enfrentemos el problema: existe mucha controversia sobre el tema de la profecía.

A los 20 años asistí a una universidad comunitaria local donde estaba invitado a una clase semanal enfocada en "Profecía Bíblica". Esta clase no era parte del currículo escolar, pero se reunía en el campus después del horario escolar. Todavía recuerdo los volantes de invitación preparados para la clase porque nunca antes había visto nada como eso. Imagínate un volante de varias páginas con nubes oscuras, relámpagos, la tierra siendo dividida en dos, ángeles con trompetas, un enorme reloj de arena con el tiempo corriendo y pasajes de la Biblia escritos en un pergamino anunciando "¡El fin está cerca!" Quedé hipnotizado por el volante y pensaba, "¡Esta clase suena increíble!" No solo asistí a la clase durante varias semanas, sino que también pude conseguir que otras personas me acompañaran. La primera semana, yo descubrí que la clase fue facilitada por una iglesia de los Adventistas del Séptimo Día que estaba justo al lado de la universidad. Sin embargo, en ese momento no sabía nada sobre las denominaciones ni sus diversas perspectivas sobre el significado de "profecía". A medida que la clase avanzaba, se hizo evidente que esta iglesia particular pensaba en la profecía en términos muy específicos. Creían que la profecía era una revelación divina que Dios dio a los profetas en el Antiguo Testamento para predecir los eventos del futuro. También creían que la profecía no era algo que Dios todavía diera hoy, sino que somos responsables de interpretar las profecías escritas en la Biblia para que podamos prepararnos adecuadamente para el juicio o la gloria futura.

No asistí a la clase por mucho tiempo porque no estaba de acuerdo con la mayoría de sus enseñanzas sobre la profecía; comparto esta historia para ilustrar que todos entramos en esta conversación con pensamientos predispuestos. Nuestros antecedentes en la iglesia, experiencia personal, entrenamiento teológico, o la falta de esto, tienen mucho que ver con la forma en que pensamos y creemos sobre la profecía. Si has sido parte de una iglesia carismática, dependiendo del estilo, es posible que pienses que la profecía es algo que sucede en medio de un servicio de adoración cuando alguien se levanta y dice algo como esto: "Sí, te digo que estoy vigilando y te libraré si tú vienes a mí", etc. O, tal vez nunca te enseñaron nada sobre la profecía y no sabes qué pensar de ella. Independientemente de tus antecedentes o tu proceso de pensamiento actual, es esencial que tomemos el tiempo para desarrollar una base bíblica sólida para entender realmente qué es la profecía para que podamos entenderla y abrazarla como Dios quiere.

Definiendo la Profecía

Al abordar este tema, primero debemos darnos cuenta de que la profecía es multifacética. Una simple definición nunca satisface la profundidad, la importancia ni el funcionamiento actual de algo tan vital que Dios nos dio. Sin embargo, he llegado a una definición muy simple que necesitamos desempacar, pero servirá como una guía útil a lo largo de nuestro estudio. Yo defino la profecía como

¿Qué es la Profecía?

"un mensaje inspirado por Dios, comunicado a través de una persona". Esta definición, yo creo, capta el punto crucial de lo que realmente es la profecía. Los componentes específicos de una profecía, como el contenido del mensaje, para quién es, quién la comparte y cómo la recibe el receptor, son variables que pueden cambiar y que deben ser discutidas con mucho más detalle.

Yo defino la profecía como "un mensaje inspirado por Dios, comunicado a través de una persona".

Además de nuestra definición básica, creo que es importante hacer una clara distinción entre los términos profecía y profetizar, porque mucha gente, por alguna razón, tiende a malinterpretar, escribir mal e incluso usar mal estas dos palabras. La palabra profecía es un sustantivo; la palabra profetizar es un verbo. La profecía es lo que algo es; profetizar es lo que alguien hace. Como acabo de mencionar, una profecía es un mensaje inspirado por Dios, comunicado a través de una persona (lo que es). Profetizar es la acción de una persona que comunica un mensaje que está inspirado por Dios (lo que alguien hace). Aunque estas palabras están muy conectadas en propósito y función, no son exactamente idénticas. Espero que esto aclare cualquier confusión para que digamos los términos correctos cuando hablamos del ministerio profético. Como puedes ver en el título de este libro, ¡mi pasión es que entendamos la profecía con el propósito de que todo el pueblo de Dios profetice!

La palabra hebrea del Antiguo Testamento para profecía es *nebuah*,[2] que solo se usa cuatro veces y que simplemente significa "predicción" (2 Cr. 9:29; 15:8; Neh. 6:12; Dn. 9:24). La razón principal por la que no vemos que se use esta palabra a menudo en el Antiguo Testamento es porque los escritores bíblicos no definieron la experiencia de recibir una profecía usando el término mismo. En su lugar, usaron términos como "...El Señor me dirigió la *palabra*..." (Ez. 33:1, énfasis añadido) en referencia a la recepción de una profecía de Dios. Adicionalmente, la palabra hebrea del Antiguo Testamento para profetizar es *naba*,[3] que se utiliza 59 veces. Literalmente significa "generar, derramar palabras como aquellos que hablan bajo la inspiración divina"[4]. La palabra profecía y la función de profetizar están mayormente asociados con los profetas en los escritos del Antiguo Testamento; sin embargo, hay algunos casos raros en los que aquellos que no eran profetas también profetizaron (por ejemplo, ver Nm. 11:27; 1 S. 10:13).

En el Nuevo Testamento, la palabra griega para profecía es *profēteia*,[5] que significa "hablar de la mente y el consejo de Dios" o "declarar los propósitos de Dios".[7] Adicionalmente, la palabra griega para profetizar en el Nuevo Testamento es *profēteuô*,[8] lo que significa "dar un consejo divino o predecir eventos futuros".[9] Como resultado de nuestro breve estudio de las diversas palabras, supongo que estás de acuerdo en que la definición simple que introduje para la profecía es bastante precisa. De nuevo, estamos definiendo la profecía como *un mensaje inspirado por Dios, comunicado a través de una persona*. Ahora que tenemos una definición clara y bíblicamente afirmada, vamos a desglosar los elementos un poco más.

- Un mensaje

La profecía es un mensaje, pero debemos recordar que todos los mensajes no son los mismos. Algunos mensajes son para una persona mientras que otros son para miles. De la misma manera, algunos mensajes están destinados a una generación mientras que otros están destinados a múltiples generaciones. En esencia, hay diferentes tipos de mensajes proféticos.

- Inspirado por Dios

Una verdadera profecía es siempre una revelación del Espíritu Santo concerniente a la voluntad de Dios.

- Comunicado a través de una persona

La fuente del mensaje profético es el Espíritu Santo, pero el que da la palabra es siempre una persona. Tenemos el increíble privilegio de escuchar lo que Dios dice y transmitir esos mensajes a otros.

Diferentes Tipos de Profecía

Como mencioné antes, no todos los mensajes proféticos son iguales. Esto significa que hay diferentes tipos de profecía, y debemos entender esto si vamos a abrazar el ministerio profético de hoy en día. En nuestro estudio anterior señalamos que todas las palabras proféticas caen en dos categorías primarias: la predicción y la proclamación. Definamos estas palabras claramente:

- La *predicción* habla de lo que el futuro deparará antes de que ocurra.

- La *proclamación* habla de las prioridades presentes de Dios.

La predicción es principalmente sobre los eventos futuros independientemente de su magnitud. La proclamación implica principalmente declarar la verdad de Dios en un contexto actual. Si bien la profecía está relacionada con ambas, predecir eventos futuros y declarar la verdad de Dios, parece que la mayoría de la gente piensa que mayormente es la predicción de eventos futuros. En mi opinión, la razón de esto es doble.

La predicción es principalmente sobre los eventos futuros independientemente de su magnitud. La proclamación implica principalmente declarar la verdad de Dios en un contexto actual.

Primero, cuando leemos la Biblia y vemos muchas de las profecías registradas sobre el futuro, automáticamente asociamos el conjunto de la profecía como perteneciente a esta categoría. La segunda razón es que no tendemos a considerar la amplitud del ministerio profético tanto en los tiempos del Antiguo Testamento como en los del Nuevo Testamento. En otras palabras, la Biblia contiene las personas, historias y profecías que son verdades eternas necesarias para cada generación, a veces llamadas Profecía Bíblica. Sin embargo, había muchos profetas que profetizaron durante el período en el que la Biblia fue escrita, y aunque sus mensajes eran importantes para la gente de sus días, no estaban destinados a ser preservados como Escritura para todas las personas en cada generación. Saber esto nos ayudará a abrazar las palabras proféticas hoy. Dicho esto; desglosemos un poco más los dos tipos de profecía para entender mejor la diferencia.

La predicción es similar a la de un meteorólogo que pronostica el tiempo, transmitiendo información sobre lo que el tiempo hará en los próximos días. Encontramos la mayoría de este tipo de profecías en el Antiguo Testamento, pero el Nuevo Testamento contiene unas cuantas también. Un gran porcentaje de las predicciones proféticas de la Biblia se relacionan con la llegada del Mesías (Jesucristo) y los eventos que lo rodean. Aquí hay algunos ejemplos:

- Israel se dividiría en dos reinos (1 R. 11:29-33).
- Jerusalén y el templo serían destruidos (Mi. 3:11-12).
- El Mesías nacería de una virgen (Is. 7:14).
- El Mesías nacería en Belén (Mi. 5:2).
- El Mesías sería traicionado por 30 piezas de plata (Zac. 11:12-13).
- El Mesías sería un descendiente del Rey David (2 S. 7:12-16).

Algunos eruditos dicen que la Biblia contiene cientos de profecías mesiánicas. Independientemente del número exacto, sabemos que muchas de las profecías se han cumplido, mientras que otras aún no. Sin embargo, estas no son las únicas profecías registradas en las Escrituras que tienen un carácter predictivo. Por ejemplo:

- Amós profetizó sobre la caída de Israel (Am. 5:27).
- Jeremías profetizó que Judá volvería del exilio (Jer. 29:10).
- Joel profetizó que el Espíritu Santo sería derramado sobre todas las personas (Jl. 2:28-29).
- Ágabo profetizó que habría una gran hambruna en todo el mundo (Hch. 11:28).
- Ágabo también profetizó que los judíos arrestarían a Pablo y lo entregarían (Hch. 21:11).

Como puedes ver, la mayoría de las profecías predictivas *registradas* en la Biblia tenían un gran significado que superaba el contexto en que fueron dichas. Sin embargo, esto no significa que no haya miles de profecías dadas desde entonces hasta ahora que predijeron algún aspecto del futuro para una persona, lugar o situación que fue localizado en el contexto inmediato. Es por esta razón que creo que la función de la profecía es la misma hoy en día como era en los días de la Biblia. Sin embargo, no creo que el alcance del mensaje es el mismo porque el canon de las Escrituras está cerrado (hablaremos de esto más adelante).

He dado y recibido profecías predictivas. Hace varios años estaba predicando en la iglesia de un amigo, y un joven se me acercó y me pidió que orara por él para que escuchara la voz de Dios más claramente. Me animó su petición y oré por él con gusto. Cuando terminé de orar, me pidió si él podía orar por mí, y, por supuesto, dije que sí. Colocando la mano en mi hombro, empezó a orar una oración general. Pero entonces él se detuvo, y luego dijo: "En tres días Dios te va a dar un regalo que se encargará de todas tus necesidades actuales". Le agradecí por la oración y la palabra profética sin decir nada de su precisión. Durante ese tiempo, estaba asistiendo a la universidad bíblica en línea, ayudando en la plantación de una iglesia y trabajando 30 horas a la semana en una compañía local. Acababa de incurrir en algunas facturas médicas imprevistas por un total de

450 dólares y no tenía los medios para pagarlas. El día que recibí esta palabra profética fue el jueves, y el domingo llegué a mi iglesia y comencé a preparar las cosas para el servicio. En ese momento, un hombre se me acercó, me dio un sobre y me dijo: "Oye, Ben, olvidé darte esto la semana pasada, pero aquí tienes. ¡Dios te bendiga, hombre!" Salí y abrí el sobre en el que encontré un cheque por más que lo suficiente para pagar todas mis cuentas pendientes. La palabra que recibí tenía tres detalles específicos que sucedieron como fueron dichos: el joven dijo que recibiría un regalo (no un ingreso ni uno esperado); sucedería en tres días; y se encargaría de todas mis necesidades actuales. Esto fue una palabra profética que predijo un evento futuro en mi vida, y fue poderoso.

La proclamación se puede comparar con la práctica de la escritura libre, donde básicamente escribes lo que te llega al corazón o mente sin tratar de averiguar cómo fluye todo junto. La diferencia obvia entre la escritura libre y la proclamación profética, sin embargo, es que con la proclamación, el flujo y las palabras vienen del Espíritu de Dios y no solo de nuestros pensamientos. Este tipo de profecía puede coincidir en parte con la predicción al llevar un aspecto del futuro, pero se centra principalmente en la mente, el corazón y la voluntad de Dios para el momento o la situación actual. La Biblia contiene varios ejemplos de proclamaciones de personas, pero sin registrar el mensaje:

- Eldad y Medad profetizaron entre los israelitas (Nm. 11:26).

- Saúl profetizó en medio de la compañía de profetas (1 S. 10:6; 19:23-24).

- Pedro habló por el Espíritu que lo que los creyentes estaban experimentando y la gente estaba presenciando fue el cumplimiento de una profecía del libro de Joel (Hch. 2:14-21).

- Los discípulos de Éfeso estaban llenos del Espíritu Santo y comenzaron a profetizar (Hch. 19:6).

- Pablo le dijo a la iglesia de Corinto que la profecía revelaría los secretos del corazón y haría que la gente reconozca la realidad y la presencia de Dios (1 Co. 14:24-25).

Este tipo de profecía es más común y puede tener un propósito que va desde declarar el carácter de Dios hasta declarar sabiduría en las circunstancias actuales de una persona. A veces, una persona puede proclamar una profecía que puede parecer simplemente un buen consejo, sabiduría, o solo una "buena palabra". Sin embargo, lo que la hace profética es que es una revelación del Espíritu Santo en ese momento. Es mi opinión que la mayoría de las profecías, tal vez el 75 por ciento, caen dentro de la categoría de proclamación.

Recientemente, asistí a una reunión en casa para alentar a un grupo de personas que estaban en el proceso de plantar una iglesia. Pude orar por cerca de la mitad del grupo y más tarde recibí un testimonio de una mujer que proporciona un buen ejemplo de este tipo de profecía. Ella escribe:

Recientemente, Ben Dixon se unió a nuestra reunión para animarnos en la plantación de la iglesia. Yo había estado en una temporada difícil y desafiante en muchos aspectos, especialmente mi salud, que afectó mis ojos y mi sistema autoinmune. Yo estaba asustada, había estado buscando respuestas, y me sentía desanimada y sola. Ben oró por mí específicamente sin saber nada de mi vida. Él sintió que Dios le mostró el Salmo 27:13, que resultó ser un versículo que el Espíritu Santo había puesto en mi corazón durante los últimos días. Ben entonces empezó a hablar de cómo Dios quería sanar mis ojos, abrir mis ojos, darme visión; de cómo Él está cambiando mi perspectiva y que estoy llevando mucha esperanza. Esta palabra fue bien precisa acerca de donde yo me encontraba y de lo que Dios me estaba mostrando. En verdad fue un momento en el que me sentí muy observada y amada por Dios. Ese momento fue un catalizador para un gran cambio en mi corazón que me ayudó a abrir camino a través de una pared que tenía en la conexión con Dios mediante esa temporada tan dura. Además, Dios ha estado sanando consistentemente mis ojos y revelando paso a paso cómo caminar con salud.

Cuando profeticé sobre esta mujer, no tenía nada en mi mente antes de empezar a orar. Simplemente hice con ella lo que yo hago en la mayoría de las situaciones como esta; empecé a orar y compartí los pensamientos que me vinieron a la mente. Cuando compartí con ella sobre Dios abriendo sus ojos y dándole visión, honestamente no estaba pensando en términos físicos, pero, como puedes ver ahora, eran ambas cosas. Así es como funciona la profecía de proclamación, en muchos casos. No sabes lo que vas a decir de antemano, pero aprendes a declarar palabras proféticas que traen edificación, exhortación y consuelo (1 Co. 14:1-3).

La Fuente de la Profecía

No te equivoques: el Espíritu Santo es la fuente de toda profecía verdadera. Hay otras fuentes que hacen que la gente diga cosas que suenan proféticas, pero si sus palabras no se originan en el Espíritu Santo, no constituyen una verdadera profecía. Más adelante discutiremos la falsa profecía y el proceso para discernir palabras proféticas verdaderas, pero por ahora solo queremos establecer que el Espíritu Santo es el único dador de todas las palabras proféticas verdaderas.

> **No te equivoques: el Espíritu Santo es la fuente de toda profecía verdadera.**

En Números 11 encontramos a los israelitas, que han estado viajando por el desierto durante algún tiempo, refunfuñando y quejándose debido a las dificultades que enfrentaban. Sus constantes quejas traen el juicio severo del Señor. En medio de este contexto, Moisés apela al Señor diciéndole que su papel de liderazgo entre el pueblo es una carga grande que se ha vuelto demasiado pesada para llevarla solo. En respuesta, Dios le dice a Moisés que reúna a los 70 ancianos y los traiga a la tienda de reunión para que Él pueda tomar del Espíritu que estaba sobre él y hacer que Él descanse sobre todos ellos:

> *Moisés fue y le comunicó al pueblo lo que el Señor le había dicho. Después juntó a setenta ancianos del pueblo, y se quedó esperando con ellos alrededor de la Tienda de reunión. El Señor descendió en la nube y habló con Moisés, y compartió con los setenta ancianos el Espíritu que estaba sobre él. Cuando **el Espíritu descansó sobre ellos, se pusieron a profetizar**. Pero esto no volvió a repetirse* (Nm. 11:24-25, énfasis añadido).

Como podemos ver en este pasaje, una vez que el Espíritu de Dios descansó sobre los ancianos, ellos profetizaron. Sabemos que esto no es un hecho aislado porque seguimos viendo este patrón a lo largo de la Biblia. Exactamente lo mismo ocurrió justo después de que Samuel ungió a Saúl como Rey de Israel (1 S. 10:10). Además, leemos sobre Zacarías, el padre de Juan el Bautista, que estaba lleno del Espíritu Santo y profetizó pocos días después del nacimiento de su hijo (Lc. 1:67). El profeta Joel profetizó acerca de un día que vendría en el futuro en el que el Espíritu Santo sería derramado sobre todo el pueblo de Dios y como resultado, PROFETIZARÍAN (Jl. 2:28-29; Hch. 2:17).

En el Nuevo Testamento, el apóstol Pablo habla de la profecía como un don espiritual. Sin embargo, deja claro que el Espíritu Santo es la fuente de todos los dones espirituales, incluyendo la profecía (Ro. 12:6; 1 Co. 12:4-11). Una revisión de los diversos pasajes deja muy claro que nuestra teología de la profecía debe estar conectada a nuestra teología del Espíritu Santo. Es por esta razón que sabemos que ha habido un cambio masivo en quién puede profetizar. Bajo el antiguo pacto, las personas que profetizaban eran solo las que habían sido ungidas por el Espíritu Santo y habían sido posicionadas como un profeta, sacerdote o rey. Bajo el nuevo pacto en Cristo, el Espíritu Santo es derramado sobre todos los que invocan el nombre del Señor; como resultado, todos pueden profetizar (Hch. 2). Por lo tanto, las palabras proféticas son una evidencia para nosotros de que el Espíritu de Dios está moviéndose en medio nuestro, ¡porque Él es la fuente de todas las profecías verdaderas!

La Continuación de la Profecía

Muchos cristianos de hoy en día creen que la profecía moderna es estudiar e interpretar la Biblia. En esencia, esto significaría que enseñar y predicar la Palabra de Dios equivale a profetizar. Esto simplemente no es el caso. Esta perspectiva no viene de la Biblia, proviene más bien de una perspectiva teológica específica llamada cesacionismo. El cesacionista cree que todos o la mayoría de los dones espirituales ya no son dados por Dios actualmente. En apoyo a esta teología, los cesacionistas a menudo citan el siguiente pasaje:

> *El amor jamás se extingue, mientras que el don de profecía cesará, el de lenguas será silenciado y el de conocimiento desaparecerá. Porque conocemos y profetizamos de manera imperfecta; pero cuando llegue lo perfecto, lo imperfecto desaparecerá* (1 Co. 13:8-10).

Los cesacionistas interpretan "pero cuando llegue lo perfecto" como el establecimiento del canon de la Escritura. En otras palabras, una vez que la Biblia fue canonizada y disponible, ya no había necesidad de los dones espirituales, incluyendo la profecía. Como resultado de este pensamiento, muchos cambiaron la definición de profecía para que signifique la interpretación de la Biblia porque, en su mente, Dios SOLAMENTE habla en y a través de Su Palabra. Por lo tanto, ven como una violación de la Biblia que alguien afirme hoy que Dios le dio una palabra profética. El pasaje anterior hace referencia a Jesús en Su regreso como "el perfecto", lo cual solo establece aún más el ministerio profético para hoy. No me malinterpretes; entiendo y respeto el deseo de los cesacionistas de defender la Biblia como la verdad autorizada y eterna de Dios para todas las personas de cada generación —porque es así. Sin embargo, la definición de la profecía no ha cambiado solo porque ahora tenemos la Biblia completa. El tipo de profecía que Dios da a la gente hoy en día no compite con la Biblia de ninguna manera. Las dos simplemente no tienen el mismo propósito. Mira lo que Pedro escribió en su segunda carta a las iglesias que estaban dispersas en el extranjero:

> *Esto ha venido a confirmarnos la palabra de los profetas, a la cual ustedes hacen bien en prestar atención, como a una lámpara que brilla en un lugar oscuro, hasta que despunte el día y salga el lucero de la mañana en sus corazones. Ante todo, tengan muy presente que ninguna profecía de la Escritura surge de la interpretación particular de nadie. Porque la profecía no ha tenido su origen en la voluntad humana, sino que los profetas hablaron de parte de Dios, impulsados por el Espíritu Santo* (2 P. 1:19-21).

Pedro, como discípulo directo de Jesús, fue testigo ocular de Su gloria venidera (Mt. 17:1-13) y del poder de Su resurrección (Mt. 28:16-20). Podía afirmar el cumplimiento de las profecías registradas en el Antiguo Testamento como alguien que literalmente lo vio suceder ante sus ojos. En el pasaje anterior, Pedro declara claramente que *ninguna profecía de la Escritura* fue producida meramente por los hombres. El Espíritu Santo se movía sobre los escritores de la Escritura, similar a la manera en que el viento lleva un barco a lo largo del agua. Sin embargo, tenemos que reconocer que hay una enorme diferencia entre una palabra profética personal para alguien de hoy y una profecía de las Escrituras.

Cuando Dios habló a los escritores de las Escrituras, se aseguró de que hubiera un 100% de claridad en su recepción de la revelación y un 100% de exactitud en su anotación de Su revelación. Para que las Escrituras fueran escritas como la eterna Palabra (voz) de Dios, no podía haber malentendidos o interpretaciones erróneas involucradas. Esto no sugiere que a Dios no le importa la claridad con la que le escuchamos a Él hoy; aquí simplemente estoy enfatizando la soberanía de Dios sobre el proceso de llevar a cabo las Escrituras. Dios no permitió que la Biblia estuviera equivocada; por lo tanto, como vehículo para escuchar a Dios, la Biblia está en una categoría única por sí misma.

Cuando buscamos escuchar la voz de Dios y profetizar hoy, nosotros debemos tener claro que no estamos buscando contradecir o reescribir la Biblia. La palabra escrita de Dios es fija y definitiva. Su propósito es proporcionar a todas las personas un estándar claro en cuanto a lo que Dios quiere que sepamos. No cambia ni cambiará a lo largo de todas las generaciones. La Biblia contiene verdades inmutables, como el carácter de Dios, la caída del hombre, el plan de salvación a través de Jesucristo, y la segunda venida de Cristo. El propósito de la Biblia es proporcionar una base inmutable para todos y establecer un estándar por el cual debe ser medido *todo* lo que oímos decir a Dios en el presente.

En capítulos más adelante exploraremos el propósito y el poder de la profecía moderna, pero por ahora, quiero dejar claro que Dios todavía habla proféticamente a través de las personas. Aunque los mensajes proféticos que Dios da hoy en día no están al nivel de las Escrituras (que es fija), siguen siendo importantes, beneficiosos y necesarios en nuestro mundo hoy. De lo contrario, Dios no los daría.

> **Cuando buscamos escuchar la voz de Dios y profetizar hoy, nosotros debemos tener claro que no estamos buscando contradecir o reescribir la Biblia**

Capítulo 3

Todos Pueden Profetizar

Hoy en día, realmente, estamos viviendo en uno de los tiempos más significativos y consecuentes que nuestro mundo ha visto. Mientras que todo en el mundo parece estar cada vez más oscuro, la Iglesia de Jesucristo se está volviendo cada vez más brillante. En medio de estos tiempos difíciles Dios está unificando a Su pueblo y nos está capacitando para ser una representación convincente de Jesús para los que nos rodean. El mundo necesita a Jesús. Sabemos que esto es cierto, pero no debemos olvidar que somos el medio por el cual Dios revela a Su Hijo a aquellos que aún no lo conocen.

Es crucial que nosotros, como Iglesia, sepamos quiénes somos, qué estamos llamados a hacer, y familiarizarnos con las herramientas que Dios nos ha dado para cumplir Sus propósitos en nuestra generación. Lo que leemos en la Biblia es lo que Dios quiere hacer en nosotros y a través de nosotros. ¿Lo crees? ¡Siempre se empieza con lo que creemos! Perseguimos lo que creemos. Practicamos lo que creemos. Por eso es imperativo que seamos plenamente dueños de nuestras creencias para poder ver las realidades establecidas en nuestras vidas y a través de nuestras vidas. Dios ha estado restaurando las verdades bíblicas y el ministerio infundido por el Espíritu Santo a Su Iglesia durante cientos de años. La historia demuestra que esto es verdad con respecto a muchos temas, desde la gracia de Dios hasta los dones espirituales. El enfoque de este libro está en uno de esos ministerios que Dios está restaurando y liberando a la Iglesia de una manera sin precedentes. El ministerio profético tiene un papel muy importante entre el pueblo de Dios, pero descubrí que muchos no se dan cuenta de lo que realmente está disponible para ellos. Mi intención con este libro no es traerte alguna revelación nueva, sino ayudarte a entender lo que es tuyo en Cristo.

La consecuencia de ser una Iglesia llena del Espíritu es que seamos un pueblo profético. No solo somos las manos y los pies de Jesús en nuestro mundo, sino que también somos Su voz profética que declara la vida, el amor, la esperanza y el destino divino a los que necesitan oírlo. ¿Y sabes qué? Todo el mundo necesita oírlo. No solo eso, creo que en realidad la gente *quiere* oír lo que Dios quisiera decirles. Si esto es verdad, entonces ¿*quién compartirá* con la gente lo que Dios está diciendo? Mejor aún, ¿*quién **es capaz** de compartir* lo que Dios está diciendo? ¿Creemos que son solo unos pocos elegidos? ¿Creemos que este ministerio está reservado a los más cualificados, más elocuentes, o más espirituales que los demás?

Déjame ser muy claro: no solo TODOS pueden escuchar la voz de Dios *personalmente* (Jn.10:27), sino que TODOS pueden escuchar la voz de Dios *proféticamente* también. Así es: *todo el mundo puede profetizar*. Esto no significa que todos serán profetas o que todos tienen un don profético, pero la Escritura parece clara en su enseñanza de que lo que antes estaba reservado para unos pocos, ahora se ha distribuido a muchos.

No solo somos las manos y los pies de Jesús en nuestro mundo, sino que también somos Su voz profética que declara la vida, el amor, la esperanza y el destino divino a los que necesitan oírlo.

Como dije antes, nuestra teología de la profecía está directamente conectada a nuestra teología del Espíritu Santo, el dador de todas las verdaderas palabras proféticas. Por lo tanto, creo que es importante pasar el resto de este capítulo estableciendo una base teológica sólida para la propuesta de que "todo el mundo puede profetizar". Construiré esta base profética al exponer algunas verdades fundamentales con respecto al Espíritu Santo. Permíteme animarte a prestar especial atención al resto de este capítulo porque usaré una cantidad abundante de escrituras para establecer esta verdad, que fluirá a través del resto del libro.

El Espíritu Santo que Vive en Ti

Cuando Jesús entró en su ministerio público, eligió 12 *hombres ordinarios* como sus discípulos (Lc. 5:1-38). Estos hombres tenían el privilegio de compartir su vida con el Hijo de Dios durante un poco más de tres años. Ellos lo escuchaban enseñar, observaban Sus milagros de cerca, incluso compartían comidas juntos diariamente. Eran testigos de la vida y el ministerio de Jesucristo. Esta es una de las razones principales por las que consideramos que sus relatos bíblicos son fidedignos para nuestras vidas. Jesús los eligió no solo como Sus seguidores; en última instancia, los llamaría Sus apóstoles (Lc. 6:13) para continuar Su ministerio después de Su resurrección de la muerte y Su ascensión al cielo.

Poco antes de Su crucifixión, Jesús les dijo a Sus apóstoles que Él estaba a punto de ser traicionado y asesinado, pero que esto serviría para un mayor propósito que aún no podían entender (Jn. 13:21-14:6). Sus palabras de consuelo para ellos en medio de esa conversación revelaron un cambio teológico significativo del antiguo pacto al nuevo pacto:

> *Y yo le pediré al Padre, y él les dará otro Consolador para que los acompañe siempre: el Espíritu de verdad, a quien el mundo no puede aceptar porque no lo ve ni lo conoce. Pero ustedes sí lo conocen, porque* **vive con ustedes y estará en ustedes** (Jn. 14:16-17, énfasis añadido).

Solo unos pocos capítulos después, Jesús llega a decir que es mejor que Él se vaya (muerte, resurrección, ascensión) para que el Espíritu Santo pueda venir (Jn. 16:7). En ese momento, no había la

Profetiza

posibilidad de que los discípulos pudieran entender cómo algo podía ser mejor que tener a Jesús con ellos físicamente. ¡Pero sí había algo mejor! Jesús prometió que el Espíritu Santo vendría a vivir EN los que creen en el evangelio y eligen seguirlo a Él y confiar completamente en Él.

La realidad del Espíritu Santo que vive en nosotros hace fácil de entender la declaración de Jesús de que todo Su pueblo sería capaz de escuchar Su voz: "Mis ovejas oyen Mi voz, y yo las conozco, y Me siguen" (Jn. 10:27). El pueblo de Dios escuchará Su voz a través del Espíritu de Dios. Los que estaban bajo el antiguo pacto no tenían la presencia del Espíritu Santo, que significa que, si estás en Cristo, tienes una posición profunda ante Dios que no todo Su pueblo a lo largo de la historia ha compartido.

El día que Jesús resucitó, Sus discípulos estaban reunidos, escondidos y atemorizados. En ese momento, Jesús se mostró y se presentó ante ellos: "Entonces Jesús les dijo otra vez, 'La paz *sea* con ustedes; como el Padre me envió a mí, así yo los envío a ustedes'. Y cuando dijo esto, sopló sobre ellos y les dijo, "Reciban el Espíritu Santo" (Jn. 20:21-22). La pregunta natural para nosotros es, "¿Por qué hizo Jesús esto?" ¿Por qué sopló sobre ellos y dijo "Reciban el Espíritu Santo?" Encontramos la respuesta en el principio de la Biblia.

En Génesis 2 leemos el relato donde Dios creó al primer ser humano, al que conocemos como Adán: "Y Dios el SEÑOR formó al hombre del polvo de la tierra, y sopló en su nariz hálito de vida, y el hombre se convirtió en un ser viviente" (Gn. 2:7). Dios sopló su Espíritu en Adán, convirtiéndolo en un ser viviente. Más tarde en el mismo capítulo Dios le dice a Adán que si come del árbol del conocimiento del bien y del mal, morirá (Gn. 2:17). Adán y Eva, su esposa, comen de ese árbol de todos modos, que les trae la muerte a ellos y a toda la raza humana (Gn. 3:1-19). No fue solo la muerte física que se introdujo a través de la desobediencia de Adán y Eva, sino también la muerte espiritual. Después de este evento, cada persona que nace llega a este mundo espiritualmente muerto y con la necesidad de una obra de reanimación que solo Dios puede hacer (Ef. 2:1).

Esto nos lleva de vuelta a Juan 20:21-22, donde Jesús sopla en Sus discípulos y dice: "Reciban el Espíritu Santo". Esta es una re-creación que se refleja en el mismo relato de creación que acabamos de leer en Génesis 2. El Espíritu de Dios (el soplo) trajo la vida cuando fuimos creados, y el Espíritu de Dios trae vida cuando somos recreados de nuevo en Cristo. Los discípulos de Jesús recibieron el Espíritu Santo en su interior y fueron hechos vivos para Dios en Cristo. A menudo se hace referencia a esto como la experiencia de "nacer de nuevo" (Jn. 3:3) y si no me equivoco, en la mayoría de los círculos cristianos. Necesitamos que el Espíritu Santo nos dé vida porque nacemos en este mundo espiritualmente muertos como resultado de nuestra condición pecaminosa. Por lo tanto, cada persona que se convierte en un cristiano recibirá la presencia del Espíritu Santo que viene a residir en nosotros porque nadie puede ser cristiano sin el Espíritu de Dios viviendo en ellos. Debemos entender esta verdad, pero también comprender que esto no es lo único que el Espíritu Santo quiere hacer en nuestras vidas.

El Espíritu Santo que Viene Sobre Ti

Después de la muerte y resurrección de Jesús, Él se apareció a Sus apóstoles muchas veces más para prepararlos para llevar a cabo Su misión (Hch. 1:1-4). No solo los apóstoles habían recibido la presencia del Espíritu Santo que ahora residía en ellos, sino que también tenían el ejemplo más claro de lo que estarían haciendo a raíz de los últimos tres años que habían estado con Jesús. Sin embargo, Jesús esencialmente les dijo que todavía necesitaban algo más antes de que se embarcaran en su misión de llevar las buenas noticias a todas las personas. Jesús les dijo, "Pero, cuando venga el Espíritu Santo *sobre ustedes*, recibirán poder y serán mis testigos tanto en Jerusalén como en toda Judea y Samaria, y hasta los confines de la tierra" (Hch. 1:8).

Antes de que los apóstoles pudieran ser enviados como testigos de Jesús, ellos necesitaban el poder de Jesús. Esta referencia a que el

Espíritu Santo viene "sobre ustedes" se llama a menudo el "bautismo", "llenura", o "empoderamiento" del Espíritu Santo, dependiendo de la tradición de tu iglesia o su teología. Independientemente de cómo lo llamemos, sabemos que esta obra específica del Espíritu Santo fue esencial para que los apóstoles hubiesen podido cumplir con la misión de Jesús. El Espíritu Santo que vive DENTRO de nosotros y el Espíritu Santo que viene SOBRE nosotros son experiencias distintas que tienen diferentes propósitos, y en esto aprendemos que el trabajo y el ministerio del Espíritu Santo es multifacético.

Antes de que los apóstoles pudieran ser enviados como testigos de Jesús, ellos necesitaban el poder de Jesús.

En obediencia a Jesús, los apóstoles regresaron a Jerusalén para esperar este prometido encuentro de poder que pronto tendría lugar. Hechos 2 registra su llegada:

> *Cuando llegó el día de Pentecostés, estaban todos juntos en el mismo lugar. De repente, vino del cielo un ruido como el de una violenta ráfaga de viento y llenó toda la casa donde estaban reunidos. Se les aparecieron entonces unas lenguas como de fuego que se repartieron y se posaron sobre cada uno de ellos. Todos fueron llenos del Espíritu Santo y comenzaron a hablar en diferentes lenguas, según el Espíritu les concedía expresarse* (Hch. 2:1-4).

Imagínate esto: Jerusalén estaba llena de gente de todo el Imperio Romano porque era el día de Pentecostés, también conocido como la Fiesta de las Semanas. Una multitud se reunió y escuchó con asombro mientras el grupo de los creyentes bautizados con el Espíritu Santo les hablaban en sus propios idiomas. Esto fue claramente un suceso sobrenatural cuando se considera que más de 13 idiomas fueron hablados. Algunos oyentes estaban sorprendidos, otros confundidos, y algunos se burlaron de los creyentes y sugirieron que estaban borrachos. En ese momento, Pedro, inspirado por el Espíritu, rápidamente sofocó esa impresión falsa y proclamó audazmente la verdad de lo que estaba sucediendo:

Entonces Pedro, con los once, se puso de pie y dijo a voz en cuello: "Compatriotas judíos y todos ustedes que están en Jerusalén, déjenme explicarles lo que sucede; presten atención a lo que les voy a decir. Estos no están borrachos, como suponen ustedes. ¡Apenas son las nueve de la mañana! En realidad lo que pasa es lo que anunció el profeta Joel: "SUCEDERÁ QUE EN LOS ÚLTIMOS DÍAS —*dice Dios*—, DERRAMARÉ MI ESPÍRITU SOBRE TODO EL GÉNERO HUMANO. LOS HIJOS Y LAS HIJAS DE USTEDES **PROFETIZARÁN, TENDRÁN VISIONES** LOS JÓVENES Y **SUEÑOS** LOS ANCIANOS. EN ESOS DÍAS DERRAMARÉ MI ESPÍRITU AUN SOBRE MIS SIERVOS Y MIS SIERVAS, *y* **profetizarán**. ARRIBA EN EL CIELO Y ABAJO EN LA TIERRA MOSTRARÉ PRODIGIOS: SANGRE, FUEGO Y NUBES DE HUMO. EL SOL SE CONVERTIRÁ EN TINIEBLAS Y LA LUNA EN SANGRE ANTES QUE LEGUE EL DÍA DEL SEÑOR, DÍA GRANDE Y ESPLENDOROSO. Y TODO EL QUE INVOQUE EL NOMBRE DEL SEÑOR SERÁ SALVO" (Hch. 2:14-21, énfasis añadido).

La explicación que Pedro dio aquí es en realidad una profecía encontrada en Joel 2:28-32. Esta profecía fue escrita hace al menos 400 años (y potencialmente 800 años) antes de este momento. Ahora los apóstoles entendían lo que Jesús les había estado diciendo con respecto a que el Espíritu Santo estaría con ellos, dentro de ellos y sobre ellos. Me parece interesante que el *profeta* Joel *profetizó* acerca de gente *profetizando* y esto fue lo que el Espíritu Santo le indicó a Pedro que dijera el día que nació la iglesia. Este pasaje básicamente nos dice que cuando el Espíritu Santo viene "sobre" la gente, serán capaces de profetizar, lo cual es algo que vemos un puñado de veces a lo largo del libro de los Hechos.

He escuchado muchos sermones predicados usando Hechos 2 en referencia al nacimiento de la Iglesia, el Bautismo con el Espíritu Santo y el ministerio general del Espíritu. Pero no puedo recordar ninguno que haya discutido POR QUÉ el término "profecía" se menciona dos veces en Joel 2 y fue la explicación en Hechos 2 para lo que los creyentes estaban experimentando. Creo que estas palabras significativas pronunciadas en un día muy específico tienen más significado de lo que la mayoría de la gente ha considerado. Quiero destacar esto mientras sopesamos el concepto de que "todos pueden profetizar", lo cual creo que es lo que este pasaje de la escritura está declarando.

La primera parte de la profecía dice, "Y SUCEDERÁ EN LOS ÚLTIMOS DÍAS", dice Dios, "DERRAMARÉ MI ESPÍRITU SOBRE TODO EL GÉNERO HUMANO" (Hch. 2:17). ¿Cuál es el significado de esto? Bueno, lo primero que hay que tener en cuenta es el marco temporal llamado los "últimos días". Este lenguaje puede parecer codificado para nosotros, pero muchos eruditos están de acuerdo en que el término "últimos días" indica un marco temporal que se inauguró el día de Pentecostés cuando Pedro dijo esto. Además, es comúnmente aceptado que el marco temporal de los "últimos días" continúa hasta la segunda venida de Cristo, que es de otra manera referido como el "Día del Señor". Esto significaría que incluso mientras escribo esto en el 2019, todavía estamos viviendo en los "últimos días". Por supuesto, esto también significaría que el Espíritu Santo sigue siendo derramado, lo que es una parte importante de nuestra conversación, ya que la consecuencia declarada de este flujo continuo es la liberación de la voz profética entre nosotros. Fíjense cómo el escritor de Hebreos usa la misma terminología al referirse a un cambio de cómo Dios solía hablar con su gente en contraste con lo que hace hoy en día:

> *Dios, que muchas veces y de varias maneras habló a nuestros antepasados en otras épocas por medio de los profetas, en estos días finales nos ha hablado por medio de su Hijo. A este lo designó heredero de todo, y por medio de él hizo el universo* (He. 1:1-2, énfasis añadido).

Lo siguiente que debemos darnos cuenta sobre la profecía es que el Espíritu Santo será derramado sobre "todo el género humano". Este término tiene varios significados dependiendo del contexto. Debemos recordar que este fue un escenario judío del primer siglo, y los apóstoles todavía no tenían ningún paradigma real para que los gentiles (personas no judías) fueran una parte integral del plan de Dios. "Todo el género humano" ciertamente no se refiere solo a los judíos, sino también a los gentiles. Esta referencia, sin embargo, significa aún mucho más. La profecía continúa diciendo que "Todo el género humano" incluye a jóvenes, ancianos, hombres y mujeres, junto con el subyacente significado de judío y gentil. Para resumir esto, podríamos decir que Dios derramará Su Espíritu sobre todo género humano, generaciones y naciones que invocan el nombre del Señor.

Esto está en claro contraste con lo que vemos bajo el antiguo pacto donde el Espíritu Santo no vivía en las personas y solo daba poder y hablaba a través de aquellos que eran ungidos para un oficio o llamado específico del Señor. El Antiguo Testamento menciona cuatro llamados específicos que llevaban consigo la potenciación del Espíritu y la habilidad de escuchar la voz de Dios y profetizar: el profeta, el sacerdote, el rey y el juez. Obviamente, estos eran lugares de liderazgo entre el pueblo de

> **la unción del Espíritu Santo bajo el antiguo pacto fue posicional, pero ahora, bajo el nuevo pacto, se ha convertido en relacional.**

Dios, y por eso Dios les ungió con el Espíritu Santo y les habló para que comunicaran al pueblo. Por lo tanto, la unción del Espíritu Santo bajo el antiguo pacto fue posicional, pero ahora, bajo el nuevo pacto, se ha convertido en relacional.

Bajo el antiguo pacto, alguien ungido por el Espíritu de Dios podría perder esa unción si se desviaba de su representación de Dios ante el pueblo. Cuando el Rey David fue confrontado por sus pecados de adulterio y asesinato, reveló que uno de sus mayores temores era perder la presencia de Dios a través del Espíritu Santo. Era el rey ungido de Israel, y como resultado experimentó el Espíritu Santo de una manera que ninguna persona común podría (1 S. 16:13). Su pecado no solo tergiversó al Señor ante el pueblo, sino que también trajo el reproche contra la nación de Israel por parte de aquellos que se enterarían de ello a lo largo y ancho. David sabía que este pecado podría hacer que Dios quitara la unción del Espíritu de su vida, que era algo que no quería que ocurriera, como vemos en su lamento en el Salmo 51: "Crea en mí, oh Dios, un corazón limpio, y renueva la firmeza de mi espíritu. No me alejes de tu presencia ni *me quites tu santo Espíritu*" (Sal. 51:10-11, énfasis añadido). Como aquellos que viven bajo el nuevo pacto, nosotros nunca tenemos que temer perder el Espíritu Santo, porque nuestra recepción y retención de la presencia del Espíritu en nuestras vidas no se basa en la posición o desempeño como en el pasado.

Cuando el Espíritu Santo viene sobre nosotros con poder es lo que permite que profeticemos. Esta experiencia estuvo una vez reservada a ciertas personas, pero según Hechos 2 eso ya no es así. En el pasado el Espíritu Santo no vivía en la gente, pero ahora vive en los que ponen su fe y confianza en Jesús. En el pasado Él solo daba poder y hablaba a través de unos pocos elegidos que ocupaban puestos específicos, pero ahora Él da poder a cada creyente y lo capacita para hablar proféticamente como un testigo de Jesús. Esto no quiere decir que todo el mundo es profeta o que todo el mundo tiene el don espiritual de la profecía, pero significa que a través del Espíritu Santo podemos escuchar a Dios por otros y compartir con ellos lo que Él dice. La pregunta es, ¿ha venido el Espíritu Santo sobre ti? ¿Te ha bautizado con poder? ¿Estás posicionado para recibir de Él para dar a otros lo que te ha dado a ti? ¡Quiero animarte a buscar a Dios seriamente por el poder del Espíritu Santo, y puedes estar seguro de que te responderá porque esto es lo que Él quiere hacer en tu vida!

El Espíritu Santo Fluyendo a Través de Ti

La Biblia registra varios casos en los que alguien profetizó justo después de que el Espíritu Santo los empoderara (Nm. 11:25; 1 S. 10:10; Lc. 1:67; Hch. 2:17), y acabamos de establecer cómo esto se ha convertido en una nueva normalidad bajo el nuevo pacto. Cuando estamos empoderados por el Espíritu Santo, podemos profetizar, pero solo porque algo está disponible no significa que sea operacional. Sin embargo, puedes estar seguro de que el Espíritu Santo quiere fluir a través de tu vida y proclamar Su voz profética.

Jesús habló de la liberación del Espíritu de Dios a través de nuestra vida así:

> *En el último día, el más solemne de la fiesta, Jesús se puso de pie y exclamó: ";Si alguno tiene sed, que venga a mí y beba! De aquel que cree en mí, como dice la Escritura, brotarán ríos de agua viva. Con esto se refería al Espíritu que habrían de recibir más tarde los que creyeran en él. Hasta ese momento el Espíritu no había sido dado, porque Jesús no había sido glorificado todavía* (Jn. 7: 37-39).

En este pasaje, Jesús habla del Espíritu Santo como un río, lo cual es una imagen poderosa. Un río es una vía fluvial natural que se origina en una fuente específica y trae vida a todos los lugares a los que va. Si el Espíritu Santo es el río, entonces nuestras vidas son los cauces que canalizan el agua que da vida a la gente y a los lugares de nuestro mundo. El Espíritu Santo no solo quiere vivir en nosotros y venir sobre nosotros; Él también quiere fluir a través de nosotros como un poderoso río.

He visto a la gente usar una taza como metáfora para ilustrar cómo el Espíritu Santo nos llena. Sin embargo, cuando piensas en este concepto, se queda corto en muchos aspectos. Creo que una mejor metáfora para usar para lo que el Espíritu Santo quiere hacer en nuestras vidas es una manguera. Él no solo quiere llenarnos; quiere fluir a través de nosotros, lo cual es exactamente lo que dijo Jesús. Casi todos los días, tengo la misma oración durante mi tiempo con el Señor: "Dios, lléname con tu Espíritu Santo y fluye a través de mí para que, de alguna manera, la gente te experimente de una manera poderosa". Dios quiere liberar palabras proféticas a través de nuestra vida que se conviertan en ríos de agua viva para refrescar y reponer a las personas a nuestro alrededor.

Como te conté en mi historia en el capítulo 1, hace varios años yo comencé una serie de reuniones que llamamos "Escuchando a Dios". Mucha gente vino de todas partes para aprender a escuchar la voz de Dios y profetizar. Me encantaban esas reuniones. Por lo general, preguntaba esto antes de que nos separáramos en grupos: "¿Cuántos de ustedes han profetizado antes?" Cuando empezamos, el número de manos levantadas era escaso, pero a medida que los meses y años se desarrollaban vimos que esos números crecían significativamente. Durante algunas de nuestras primeras reuniones tenía algunos amigos en uno de los grupos que nunca antes habían profetizado. Básicamente les dije que empezaran a orar por alguien de su grupo y luego compartieran el pasaje, la imagen o el pensamiento que les viniera a la mente. Cuando ellos comenzaron a orar por las personas de su grupo, Dios los usó poderosamente para compartir palabras proféticas claras y precisas, ¡esto los hizo volar por los aires! Habían sido cristianos durante mucho tiempo, pero nunca habían tenido una experiencia como esa.

No solo la Biblia enseña que todo el mundo puede profetizar, sino que esta ha sido mi experiencia con cualquiera que esté dispuesto a salir y compartir lo que siente que podría ser una palabra del Señor. La profecía ya no está reservada para los profetas. Ni tampoco está reservada para los dotados. La profecía es algo que puede fluir a través de cualquier creyente lleno

La profecía ya no está reservada para los profetas. Ni tampoco está reservada para los dotados. La profecía es algo que puede fluir a través de cualquier creyente lleno del Espíritu que esté dispuesto a pedirle a Dios y a compartir con otros.

del Espíritu que esté dispuesto a pedirle a Dios y a compartir con otros. ¿Todavía hay profetas hoy en día? Sí. ¿Hay algunos que tienen don de profecía entre nosotros? Sí. Sin embargo, no se trata de restricciones, sino más bien de designaciones específicas del regalo. En su primera carta a los Corintios, el apóstol Pablo comparte el poderoso resultado de lo que sucederá cuando todo el pueblo de Dios comienza a profetizar, y oro para que esto se convierta en nuestra realidad también:

*Pero, si uno que no cree o uno que no entiende entra cuando **todos están profetizando**, se sentirá reprendido y juzgado por todos, y los secretos de su corazón quedarán al descubierto. Así que se postrará ante Dios y lo adorará, exclamando: "¡Realmente Dios está entre ustedes!"* (1 Co. 14:24-25, énfasis añadido).

Capítulo 4

Los Profetas de Antaño

Para que nos movamos hacia la participación del ministerio profético en nuestro mundo hoy, primero debemos entender el ministerio profético del pasado. Aunque ciertamente creo que todo el mundo puede profetizar, como hemos discutido anteriormente, quiero dejar muy claro que no todo el mundo es profeta ni tiene un don profético. Sin embargo, no quiero dar por sentado simplemente que todos los que leen este libro entienden lo que es un profeta. Por lo tanto, vale la pena examinar el papel y el ministerio del profeta, comenzando con los profetas del Antiguo Testamento, a los que me refiero como "los profetas de antaño" (Lc. 1:70).

Las Escrituras revelan muy claramente que había muchos profetas de Yahvé a lo largo de la historia del Antiguo Testamento. La palabra "profeta" en el Antiguo Testamento proviene principalmente de la palabra hebrea *nabi*,[10] que aparece más de 300 veces desde Génesis hasta Malaquías. Mientras que esta palabra ciertamente tiene un puñado de definiciones o variaciones, su definición más general es "un portavoz autorizado".[11] Esta definición es bastante amplia, pero muchos eruditos parecen estar de acuerdo en que es difícil precisar una definición específica para esta palabra hebrea. Sin embargo, la amplitud de la palabra puede resultar útil al observar

Profetiza

las diferencias entre los que fueron llamados profetas, especialmente cuando se considera la diversidad de sus ministerios.

No todos los profetas del Antiguo Testamento llevaban a cabo su función de la misma manera, ni tenían la misma autoridad, incluso no todos daban predicciones futuras. Por ejemplo, si se consideran todas las diversas palabras asociadas con e incluyendo la palabra "profeta", como "vidente", "vigilante" y "hombre de Dios", podrás encontrar al menos 40 referencias específicas a distintos individuos. Además de estas referencias, leemos sobre grupos de profetas como "una compañía de profetas" (1 S. 19:20 RV60) o "los hijos de los profetas" (2 R. 2:3 RV60), etc. Ocho personas en el Antiguo Testamento se identifican como "videntes": Samuel, Sadoc, Gad, Hemán, Idó, Jananí, Asaf y Jedutún. De estos, tres (Samuel, Idó, Gad) también son llamados profetas. Hay dos palabras diferentes hebreas que se traducen al inglés como "vidente", pero ambas significan básicamente "uno que ve".[12] He oído a algunos maestros en el pasado que dicen que los videntes siempre fueron profetas, pero los profetas no siempre fueron videntes. Puede que haya algo de verdad en eso, pero parece que los videntes fueron profetas que principalmente recibieron la revelación de Dios a través de visiones o experiencias de tipo visionario (1 S. 9:9). Por lo tanto, el término "vidente" era más una descripción de la función de un profeta que un tipo de papel totalmente separado.

El Secretario de Prensa de la Casa Blanca realiza una de las funciones más importantes en la rama ejecutiva del gobierno de los Estados Unidos. El Secretario de Prensa de la Casa Blanca, un alto funcionario de los Estados unidos, supervisa todas las comunicaciones del poder ejecutivo y actúa como portavoz del Presidente en todos los medios de comunicación: la prensa, las transmisiones y los canales de Internet.[13] Me imagino que es un trabajo muy estresante, porque la persona en este papel no tiene el lujo de comunicar sus propios pensamientos, puntos de vista u opiniones, sino que se le ha confiado la comunicación en nombre del cargo más alto del país y debe hacerlo de una manera clara y precisa. El Secretario de Prensa es esencialmente un mensajero que lleva el mensaje de otro.

Este papel tiene muchas similitudes con el papel de los profetas del Antiguo Testamento, quienes tenían un tipo de relación especial con el Señor en la que Dios les daba mensajes para el pueblo. Este gran privilegio conllevaba una correspondiente gran responsabilidad en el sentido de que se esperaba que hablaran las palabras que Dios les dio con total precisión. Los profetas eran mensajeros con un mensaje de Dios. El libro de Éxodo contiene un pasaje en el que Dios mismo da un nivel de definición al papel de profeta al comisionar a Moisés y Aarón para que se presenten ante el Faraón:

Los profetas eran mensajeros con un mensaje de Dios

> *Cuando el Señor habló con Moisés en Egipto, le dijo: "Yo soy el Señor. Habla con el faraón, rey de Egipto, y comunícale todo lo que yo te diga." Pero Moisés se enfrentó al Señor y le dijo: "¿Y cómo va a hacerme caso el faraón, si yo no tengo facilidad de palabra?" "Toma en cuenta" le dijo el Señor a Moisés "que te pongo por Dios ante el faraón. Tu hermano Aarón será tu profeta"* (Ex. 6:28-7:1).

Dios llamó a Moisés para que hablara con el faraón sobre los israelitas, pero Moisés respondió a Dios diciéndole que no era hábil de palabra y por lo tanto no era apto para el trabajo. Como resultado de la súplica de Moisés, Dios hizo un nuevo arreglo que involucra al hermano de Moisés, Aarón. Dios hablaría con Moisés, Moisés hablaría con Aarón, y Aaron hablaría con el faraón. En esencia, Aarón se convirtió en el profeta de Moisés. Piensa en esto por un momento. Para que Aaron sea efectivo en su papel, tendría que mantener una relación íntima con Moisés, prestar atención especial a lo que Moisés le decía, y valientemente transmitir al faraón lo que se le dijo. Esta es una clara imagen de la función de un profeta como un mensajero que transmite el mensaje de Dios.

Al seguir la historia de los profetas a lo largo del Antiguo Testamento encontrarás que dicen y hacen cosas muy diferentes el uno del otro. Su vocación, mensaje y audiencia pueden ser diferentes, pero su fuente es siempre la misma: ¡Dios!

Los profetas necesitaban saber que eran llamados por Dios si ellos iban a entrar en un ministerio que tenía el potencial de matarlos.

Los Profetas de Antaño Fueron Llamados por Dios

Podrías buscar por donde quieras y no encontrarás ninguna persona en el Antiguo Testamento que deseara ser profeta. No parece factible que los chicos y las chicas crecieran esperando que Dios los eligiera para tal posición. Un profeta era llamado, comisionado y ungido por Dios como Su portavoz. Hubo muchas maneras en que Dios hizo ese llamado, pero el llamado divino era necesario para afirmar al mensajero y establecer su mensaje con la autoridad apropiada. Llevar el rol de un profeta podría ser bastante peligroso (¡lo cual puede ser una razón por la cual nadie lo pedía!). Muchos profetas fueron perseguidos de la forma más dura; algunos, incluso hasta la muerte (2 Cr. 36:16; Jer. 11:21; 18:18; 20:2, 7–10). En el libro de los Hechos, un discípulo llamado Esteban pregunta audazmente al Sanedrín, "¿A cuál de los profetas no persiguieron sus antepasados?" (Hch. 7:52). Santiago menciona los profetas como un ejemplo de aquellos que fueron pacientes en su sufrimiento mientras hablaban en el nombre del Señor (Stg. 5:10). Mi punto es que nadie se le mediría a este tipo de rechazo, burla, sufrimiento y a un martirio posible a menos que Dios los llamara a esta posición.

Aunque Samuel no fue el primer profeta, ciertamente fue el comienzo de una línea sucesiva de profetas que vinieron después de él (Hch. 3:24). Empezó a escuchar la voz de Dios cuando era un niño (1 S. 3:1-14) y más tarde fue confirmado por todo Israel como un verdadero profeta del Señor (1 S. 3:19-21). En esto encontramos que los hombres confirmaron el llamado que Dios le había dado. Samuel presidió un grupo de profetas que se conocen como "el grupo de los profetas" o "escuela de profetas" (1 S. 19:20-21). Samuel tenía la responsabilidad de la formación y la instrucción de los futuros profetas de Israel. Esto no significa que todos los profetas tuvieron que pasar por algún tipo de entrenamiento formal que se instituyó por Samuel, pero tiene sentido que con la aceptación del rol profético había una forma más clara de identificar y establecer voces proféticas. Ser identificado y afirmado por otros profetas, así como ser marcado como creíble por el pueblo, se convirtió en parte del llamado de muchos profetas del futuro. Por supuesto, esto no siempre fue así. Nosotros no tenemos ni idea de dónde vino Elías o cómo fue llamado por Dios como profeta. Básicamente, Elías aparece de repente y predice una sequía durante el reinado del Rey Acab (1 R. 17:1). Además, el profeta Amós no tenía un cierto pedigrí, pero fue llamado a dejar de ser un pastor y cultivador de árboles (Am. 7:14). Dios tenía muchas formas de llamar a algunos a ser Su voz para la gente.

Cuando Jeremías estaba en su adolescencia tardía, el Señor lo llamó como profeta para las naciones (Jer. 1:4-10). Es obvio por la respuesta de Jeremías que esto era algo que ni quería ni buscaba. Jeremías sufrió una gran persecución como resultado de su llamado profético; según la tradición, fue apedreado hasta la muerte en Egipto porque reprendió a la gente por adorar ídolos.

El profeta Isaías, que era conocido por pronunciar el juicio de Dios sobre Israel y otras naciones, fue llamado por Dios como profeta a través de una increíble experiencia sobrenatural (Is. 6). La tradición nos cuenta que Isaías fue martirizado al ser aserrado en dos[14] porque él no se retractó de sus profecías de juicio sobre las malas acciones del rey Manasés (2 R. 21:16; He. 11:37).

Dios llamó a los profetas para que fueran Su portavoz. No eran necesariamente líderes del pueblo, ni siempre fueron recibidos por los líderes del pueblo. Su papel profético a menudo los hizo aislarse de la política y del poder que tan fácilmente corrompían a quienes tenían la posición y el estatus para liderar. Eran llamados para llevar la palabra pura del Señor, que iba desde afirmar la decisión para ir a la batalla, hasta pronunciar un juicio sobre un hogar o nación. Los profetas necesitaban *saber* que eran llamados por Dios si ellos iban a entrar en un ministerio que tenía el potencial de matarlos.

Los Profetas de Antaño Escucharon de Dios

Los profetas del Antiguo Testamento eran mediadores entre Dios y su pueblo, pero no eran los únicos en tener una posición de mediadores. Nosotros sabemos, de hecho, que habían cuatro puestos diferentes nombrados por Dios para cumplir un papel de mediador: profeta, sacerdote, rey y juez. Los profetas tenían un papel especial, por el cual recibían la revelación del Señor con respecto a personas, situaciones y naciones. El Señor no tenía una relación directa con la gente en donde podían escuchar Su voz personalmente, por lo que levantó profetas que lo representaban de esta manera. Como veremos en el próximo capítulo, hay un cambio masivo en el papel de un profeta del Antiguo Testamento a uno del Nuevo Testamento debido al cambio que sucede entre Dios y Su relación con Su pueblo.

Según las Escrituras, Dios se comunicó con los profetas de varias formas principales. Puede ser que haya habido otras formas de comunicación que la Escritura no comparte con nosotros, así que debemos ceñirnos a lo que sabemos. Era común que los profetas tuvieran visiones, sueños, o escucharan una palabra directa del Señor, que probablemente era audible.

Moisés guió al pueblo de Israel a través de un viaje de cuarenta años en el desierto con la esperanza de que pudieran entrar en la Tierra Prometida algún día. Sus hermanos, Aarón y Miriam, lo ayudaron en este viaje todo el tiempo. Llegó un momento, sin embargo, en el que estaban descontentos con su hermano y comenzaron a cuestionar su liderazgo. Esto trajo una respuesta clara e inequívoca del Señor:

> *Entonces el Señor descendió en una columna de nube y se detuvo a la entrada de la Tienda. Llamó a Aarón y a Miriam y, cuando ambos se acercaron, el Señor les dijo, "Escuchen lo que voy a decirles:* **Cuando un profeta del Señor se levanta entre ustedes, yo le hablo en visiones y me revelo a él en sueños.** *Pero esto no ocurre así con mi siervo Moisés, porque en toda mi casa él es mi hombre de confianza. Con él hablo cara a cara, claramente y sin enigmas. Él contempla la imagen del Señor. ¿Cómo se atreven a murmurar contra mi siervo Moisés?* (Nm. 12:5-8, énfasis añadido).

Esta historia es bastante sorprendente por muchas razones, pero estoy usando esta escritura para resaltar lo que el Señor dijo sobre los profetas. Él claramente hace una distinción con respecto a Moisés al considerarlo como alguien que juega un papel más significativo que los demás, y al mismo tiempo nos arroja una luz sobre cómo se da a conocer a los profetas: a través de visiones y sueños. Las Escrituras nos muestran que muchos de los profetas, desde Samuel hasta Isaías, recibieron visiones y sueños. Además de esto, Dios se comunicó con varios profetas a través de una palabra directa, como leemos con Elías: "Ahora sucedió *después de* muchos días que la palabra de Jehová vino a Elías en el tercer año, diciendo: 'Ve y preséntate ante Acab, que voy a enviar lluvia sobre la tierra'" (1 R. 18:1). Note en este versículo la frase "la palabra de Jehová vino a Elías". Esta experiencia se repite con muchos otros, como Abraham, Samuel, Natán, Isaías, Jeremías, Ezequiel y más. Parece que recibir "una palabra de Jehová "era una palabra directa de Dios, ya sea de forma audible o interna. Independientemente de cómo llegaba, sabemos que era una redacción exacta para que el profeta pudiera articular la profecía con total precisión. De todas las cosas a las que un profeta fue llamado a hacer, la primera y más importante era escuchar con precisión a Dios, porque un profeta no puede ser un mensajero sin un mensaje.

Profetas del Antiguo Pacto Establecido

Se mencionan varios pactos a lo largo de la Biblia. Un pacto es un acuerdo que vincula dos o más partes y que a menudo contiene requisitos o condiciones. Dios estableció pactos a través de personas específicas, y creo que vale la pena señalar que cada persona con quien Dios estableció un pacto fue considerada profeta. Esto tiene sentido cuando consideramos que el que recibe el pacto, escucha de Dios y lleva esa palabra a fin de establecerla en una generación futura. Esto en sí mismo es un acto profético que hace eco en el futuro e impacta a innumerables personas y naciones. Dios no llamó a muchos a llevar este tipo de manto profético, pero los que Él llamó se convirtieron en un prototipo de lo que estaba por venir y, en última instancia, se cumplió a través de Jesucristo. En cierto sentido, fueron mediadores proféticos de un pacto hasta que el nuevo pacto se estableció a través de Jesús.

Abraham es la primera persona a la que la Biblia se refiere como profeta (Gn. 20:7). De hecho, Dios mismo es quien hace referencia a Abraham de esta manera. La mayoría de la gente no pensaría en Abraham como profeta en un sentido clásico porque nunca leemos sobre él profetizando como muchos otros a lo largo del Antiguo Testamento. Lo que vemos en la vida de Abraham es a un hombre que jugó un papel de liderazgo significativo en el plan de Dios a través de su fe y obediencia a la voz de Dios.

Dios hizo un pacto con Abraham y le prometió que a través de su fe y obediencia multiplicaría sus descendientes y les daría la tierra de Canaán (Gn. 12:1-4; 17:1-22). Abraham recibió la promesa del Señor y caminó en pacto con Dios, llevando así la palabra profética a la siguiente generación. Los eruditos llaman a esto El Pacto de Abraham. En consecuencia, Abraham se convirtió en un patriarca hebreo y una piedra angular de las promesas y los propósitos de

Israel y las naciones de la tierra (Gn. 12:3). Este fue un llamado profundo, profético y bastante diferente de la mayoría del resto de los profetas que aparecen en la Biblia.

Moisés era otro hombre que estableció un pacto entre Dios y su pueblo y que fue referido como profeta (Dt. 34:10). Nosotros aprendemos del libro de Éxodo que los israelitas fueron esclavizados por los egipcios durante cientos de años hasta que Dios llamó a alguien para liberarlos de su esclavitud. De hecho, la Biblia nos dice que Dios escuchó los gritos de los israelitas y recordó su pacto con Abraham: "Dios, quien al oír sus quejas se acordó del pacto que había hecho con Abraham, Isaac y Jacob. Fue así como Dios se fijó en los israelitas y *los tomó en cuenta*" (Ex. 2:24-25).

En Éxodo 3, Dios se encuentra con Moisés de forma sobrenatural y lo llama para que se enfrente al faraón con un mensaje simple: "Deja ir a mi pueblo" (Ex. 5:1). Eventualmente, después de al menos ocho confrontaciones diferentes, el faraón deja ir a los israelitas, y se dirigen al desierto a su destino final, un lugar al que a menudo nos referimos como la "Tierra Prometida". Cuando los israelitas llegan al desierto, vienen al Monte Sinaí, donde Dios había llamado originalmente a Moisés para liberar a Su gente (Ex. 3:12). Y es en esta montaña donde Dios habla con Moisés acerca de Israel convirtiéndose en Su pueblo del pacto:

> *Y desde allí lo llamó el Señor y le dijo, "Anúnciale esto al pueblo de Jacob; declárale esto al pueblo de Israel: 'Ustedes son testigos de lo que hice con Egipto, y de que los he traído hacia mí como sobre alas de águila. Si ahora ustedes me son del todo obedientes, y cumplen mi pacto serán mi propiedad exclusiva entre todas las naciones. Aunque toda la tierra me pertenece, ustedes serán para mí un reino de sacerdotes y una nación santa'. Comunícales todo esto a los israelitas"* (Ex. 19: 3-6).

Cuando Dios dice, "... Si ahora ustedes me son del todo obedientes, y cumplen mi pacto..." Se refiere a los Diez Mandamientos que Él le da a Moisés en el siguiente capítulo (Ex. 20:1-17). Primero

Moisés era profeta de Dios para el faraón; ahora es profeta de Dios para los israelitas. Su llamado profético era para *mediar* en una relación de pacto entre Israel y Yahvé, que a menudo se conoce como el Pacto Mosaico. Moisés pasó los siguientes 40 años explicando las condiciones de este pacto a la nación de Israel antes de que finalmente se mudaran a la Tierra Prometida bajo el nuevo liderazgo de Josué.

Abraham y Moisés recibieron cada uno un llamado profético muy singular para establecer pactos. Esto no solo es exclusivo de los profetas del Nuevo Testamento, sino también del resto de los profetas del Antiguo Testamento. Solo unos pocos fueron elegidos como prototipos proféticos antes de que Jesús llegara y estableciera el nuevo pacto. Si no tenemos ninguna distinción entre los profetas, entonces nos encontraremos con problemas cuando busquemos explicar el papel de los profetas del Nuevo Testamento, que eran un tipo diferente de Abraham o Moisés.

Abraham y Moisés recibieron cada uno un llamado profético muy singular para establecer pactos. Esto no solo es exclusivo de los profetas del Nuevo Testamento, sino también del resto de los profetas del Antiguo Testamento

En el siguiente capítulo seguimos esta discusión mientras miramos cómo Jesús vino a traer un nuevo y un mejor pacto, que trae un cambio en todos los llamados y ministerios, incluyendo el de un profeta.

Los Profetas de Antaño Escribieron la Escritura

Uno de los malentendidos que encuentro en relación con la perspectiva de los profetas del Antiguo Testamento es que TODOS ellos escribieron las escrituras. Esto simplemente no es el caso. El hecho es que algunos profetas del Antiguo Testamento escribieron un libro o dos de la Biblia, algunos escribieron un pasaje de la Biblia, algunos fueron mencionados en la Biblia, y, por supuesto, había muchos cuyas palabras no están registradas en la Biblia. Basado en esto podemos concluir que, mientras que escribir las Escrituras no fue un llamado primario para la mayoría de los profetas, ciertamente fue para unos pocos elegidos.

Tradicionalmente, los libros proféticos del Antiguo Testamento están divididos en dos grupos con los que querrás estar familiarizado: "Los Profetas Mayores" y "Los Profetas Menores". Estas designaciones se usan para distinguir a los profetas específicos y el alcance o la extensión de su mensaje. Por ejemplo, hay tres Profetas Mayores: Isaías, Jeremías y Ezequiel. La mayoría de los eruditos incluyen a Daniel y el libro de Lamentaciones (atribuido a Jeremías) entre los Profetas Mayores también. "Los Profetas Menores" consisten en 12 libros nombrados según el profeta asociado con cada uno: Oseas, Joel, Amós, Abdías, Jonás, Miqueas, Nahúm, Habacuc, Sofonías, Hageo, Zacarías y Malaquías. De nuevo, la razón de la distinción tiene todo que ver con el alcance y la extensión del mensaje de cada profeta. Estoy diciendo todo esto simplemente para mostrar que incluso entre los profetas de la antigüedad que escribieron las Escrituras, hubo una gran diferencia en la medida en que Dios los usó en esta función.

Esta función de escribir las Escrituras es en realidad una distinción importante entre los profetas del Antiguo Testamento y del Nuevo Testamento. Ninguna escritura del Nuevo Testamento fue escrita por profetas. Los escritores del Nuevo Testamento fueron apóstoles, compañeros de los apóstoles, o desconocidos. Se podría decir que el apóstol Juan era profeta porque escribió el libro de Apocalipsis, pero creo que es mejor considerarlo apóstol. Este pensamiento en realidad trae a colación un punto importante que vale la pena mencionar. Algunos teólogos piensan que los apóstoles de Cristo eran los profetas del Nuevo Testamento y que después de ellos el oficio de profeta ya no se le dio a nadie más. Puede ser que algunos de los que sostienen este punto de vista permitan dones proféticos entre el cuerpo de Cristo, pero no creen que ningún tipo de oficio profético sea para hoy. Creo que este punto de vista es erróneo por un par de razones. Primero, creo que implica que todos los profetas bajo el antiguo pacto escribieron las Escrituras, lo cual no hicieron. Segundo, creo que implica que todas las palabras proféticas de Dios eran y son de alguna manera iguales a la autoridad bíblica, lo cual no es cierto.

Recuerda que el apóstol Pedro indica una diferencia entre una "profecía de la Escritura" de cualquier otra profecía (2 P. 1:19-21). Yo no estoy diciendo que no era importante si las profecías no bíblicas eran exactas. Sin embargo, es razonable creer que las profecías no escriturales eran más generales que específicas y conllevaban más una interpretación humana que un dictado de Dios. Si sostenemos que Dios sopla la Escritura con autoridad para nuestras vidas, en realidad estamos diciendo que hay una diferencia entre la revelación escrita en la Escritura y una revelación que no fue registrada. Creo que Dios soberanamente guió la revelación de la Escritura, la recepción de esa revelación, y la transmisión (escritura) de esa revelación. Esto es lo que diferencia a la Escritura de todo lo demás y la hace completamente inspirada por Dios (2 Ti. 3:16-17). Como resultado de esto, la profecía no escritural tiene un propósito diferente al de las Escrituras y requiere un proceso de discernimiento que discutiremos en más detalle en capítulos posteriores.

Los Profetas de Antaño Llamaron al Pueblo de Dios a la Acción

Comúnmente escucho a la gente referirse a los profetas de antaño como aquellos que estaban locos, tristes o enfadados, generalmente en referencia a cómo los profetas dijeron palabras de advertencia, corrección y juicio al pueblo de Dios y las naciones circundantes. Ciertamente, los profetas dieron mensajes difíciles, pero esto era solo un aspecto de su ministerio. Además, mucho antes de pronunciar un juicio, ellos constantemente exhortaron al pueblo a dar una respuesta honesta a Dios. Una y otra vez, Dios usó a los profetas para llamar a Su pueblo a la acción en múltiples situaciones y por diversas razones.

Debemos recordar que algunas profecías se refieren a la voluntad absoluta de Dios que se cumplirá independientemente de la respuesta humana. Otras profecías son una invitación de Dios a responder y por lo tanto cumplir Su voluntad para nuestras vidas en dirección de Su palabra. Por esta razón, cuando los profetas del Antiguo Testamento predijeron el futuro, sus profecías a menudo venían con una reprimenda y un llamado a arrepentirse. Las dificultades que Israel enfrentó fueron en su mayoría creadas por ellos mismos. El trabajo del profeta era nombrar el pecado y llamar al pueblo al arrepentimiento antes de que la disciplina o el juicio fueran necesarios. Como puedes ver en el siguiente pasaje, el llamado al arrepentimiento y la restauración no fue una cosa de una sola vez, sino más bien una oferta constante de Dios a través de los profetas: "Él Señor les envió profetas para que los exhortaran a volver a él, pero no les hicieron caso" (2 Cr. 24:19).

Mientras que Abraham y Moisés fueron llamados a establecer los pactos de Dios, los profetas que los siguieron regularmente llamaban al pueblo de Dios a regresar a la fidelidad del pacto (Is. 58:1-12; Os. 6:4-11; Mi. 6:6-8). A lo largo del Antiguo Testamento los profetas exhortaron al pueblo de Dios a salir de su complacencia, falsedad, engaño, idolatría y acciones desobedientes. El ministerio profético de Jeremías reveló tanto el dolor que Dios sintió por la desobediencia de Israel, así como Su deseo para restaurarlos para Su gloria:

A lo largo del Antiguo Testamento los profetas exhortaron al pueblo de Dios a salir de su complacencia, falsedad, engaño, idolatría y acciones desobedientes.

> *"Israel, si piensas volver, vuélvete a mí" afirma el Señor. "Si quitas de mi vista tus ídolos abominables y no te alejas de mí, si con fidelidad, justicia y rectitud juras: 'Por la vida del Señor', entonces en él serán benditas las naciones, y en él se gloriarán"* (Jer. 4:1-2).

Pasajes como estos nos muestran el corazón de Dios por Su pueblo. Dios dice a través del profeta, "Si piensas volver..." que es una invitación que afectaría no solo a ellos mismos sino a sus hijos y las generaciones venideras. A menudo pienso que nuestro malentendido de los profetas del Antiguo Testamento se relaciona con nuestra incomprensión de Dios a lo largo del Antiguo Testamento. Si pensamos que Dios está enojado porque Él trajo disciplina y consecuencias, entonces por supuesto pensaremos que los profetas, que hablaban palabras de Dios, también estaban enojados. Debido al hecho de que a menudo minimizamos la súplica de los profetas para el bien de la gente y magnificamos el pronunciamiento del juicio, revela un problema que tenemos con Dios, y no solo con Sus mensajeros.

Los profetas no eran solo robots que simplemente decían lo que se les decía que dijeran. La Biblia comparte con nosotros algunos momentos íntimos con respecto a las almas de los profetas, ya que revelaron sus propios sentimientos y respuestas emocionales a las palabras que llevaban. Ellos hicieron más que compartir la palabra; ellos también se sintieron y se vieron afectados por las palabras mismas. A Jeremías se le llama a menudo "el profeta llorón" porque fue él quien pronunció el juicio sobre Israel que resultó en el exilio de su nación (Jer. 9:1; 13:17). No puedo imaginar lo que se sentiría llevar semejante carga. Dios siempre tiene lo mejor en mente para Su pueblo, pero Su pueblo no siempre se rinde a lo mejor de Él. Los profetas vivían con esta realidad cada día. En esto aprendemos algo profundo: los profetas eran en realidad representantes redentores para llamar al pueblo de Dios a la acción de acuerdo a Su voluntad, y a menudo lo hacían a su propio costo. Estos representantes eran una sombra de lo que iba a venir en la persona y obra de Jesucristo.

Capítulo 5

Los Profetas de Jesús

Hace varios años, el pastor principal de mi iglesia decidió predicar una serie de sermones sobre los dones espirituales. Era un estudio bastante detallado repasando cada don espiritual mencionado en la Biblia individualmente (Ro. 12; 1 Co. 12-14, Ef. 4). Una de las maneras en que ilustró cada don fue identificando a una persona de nuestra congregación que ejemplificara el fruto del don que estaba destacando esa semana. Pensaba que era una gran manera de enseñar todos los dones - hasta el día en que habló de los profetas. Recuerdo claramente el fin de semana que se centró en el llamado de un profeta porque me llamó al escenario y habló un poco sobre mi vida y por qué sintió que era el don y el llamado que el Señor me había dado. No puedo mentir; me sentí incómodo, no por él, sino porque yo no me refería a mí mismo como profeta, y tampoco nuestra iglesia se había referido a cualquier otro como profeta entre nosotros, al menos públicamente. Después de ese día, la incomodidad que sentí por dentro se convirtió en una realidad externa con un puñado de personas que no se sentían cómodas viéndome a través de este nuevo lente. Aprendimos muy claramente que cuando se identifica a alguien como profeta, surgen muchas reacciones, suposiciones y presunciones basadas en heridas pasadas, tradiciones, opiniones o teología personal.

Esta historia plantea algunas preguntas importantes que debemos discutir. ¿Hay alguna diferencia entre los profetas del Antiguo Testamento y los mencionados en el Nuevo Testamento? ¿Todavía hay profetas hoy en día? ¿Es el don de la profecía lo mismo que el llamado de un profeta? Si todo el mundo puede profetizar, ¿entonces realmente necesitamos identificar a las personas como profetas? Estas son algunas de las preguntas que espero responder en este capítulo. Para que quede claro, no me llamo a mí mismo profeta, pero tampoco intento evitar que la gente piense de esta manera sobre mí. Creo que la gente puede beneficiarse del ministerio que está en nuestras vidas sin importar cómo nos llamemos. Los títulos pueden ser útiles o perjudiciales, dependiendo de la cultura de la iglesia o la gente a la que intentamos llegar.

Independientemente de usar títulos o no, identificar a los profetas por el bien de la claridad es importante porque realmente hay profetas entre nosotros hoy, y necesitamos su ministerio si queremos madurar a la plena estatura de Cristo (Ef. 4:7-16). Vemos el ministerio de los profetas a lo largo del Nuevo Testamento, que es la base de por qué creemos que su vocación sigue siendo necesaria hoy. Incluso el documento antiguo de la iglesia conocido como *El Didache*[15] dedica medio capítulo a la presencia de los profetas. Para establecer esta conversación en las Escrituras, déjame darte un resumen rápido de las referencias del Nuevo Testamento sobre los profetas:

Vemos el ministerio de los profetas a lo largo del Nuevo Testamento, que es la base de por qué creemos que su vocación sigue siendo necesaria hoy.

- Jesús dijo a sus discípulos, "Les voy a enviar profetas" (Mt. 23:34).

- Los profetas se enumeran como uno de los cinco llamados que representan la plenitud de Cristo que capacitará y discipulará a la Iglesia (Ef. 4:7-16).

- Se identificó un grupo de profetas de Jerusalén, junto con un hombre llamado Ágabo, como una de sus voces primarias (Hch. 11:27-30; 21:10-12).

- Los profetas fueron identificados en la ciudad de Antioquía (Hch. 13:1-3).

- Dos hombres llamados Judas y Silas son identificados como profetas (Hch. 15:32).

- Pablo enumera el llamado de profeta como fundamental para la Iglesia (1 Co. 12:28).

- Pablo da instrucciones a los profetas en la ciudad de Corinto (1 Cor. 14:29).

- La Iglesia fue advertida sobre los falsos profetas en múltiples ocasiones, lo que indica que habría verdaderos profetas y necesitamos saber la diferencia (Mt. 24:24; Hch. 13:6; 1 Jn. 4:1).

Puedo entender por qué algunas personas tienen objeciones a la idea de que hay profetas hoy en día, por lo que necesitamos discutirlo aún más. Se ha producido una cantidad considerable de enseñanzas erróneas con respecto a la profecía, usualmente relacionada con el mal uso y el abuso que a menudo la rodea. Además, *sí hay* falsos profetas entre el pueblo de Dios que intentan elevarse sobre los demás con el fin de obtener un beneficio financiero o algún tipo de prominencia. Lo entiendo. De hecho, he experimentado personalmente algunas de estas cosas yo mismo.

Hace muchos años, me presentaron a un grupo de personas que estaban conectadas con lo que se consideraba un movimiento apostólico. Asistí a varias reuniones suyas y encontré un número de grandes cosas, incluyendo la demostración de la profecía a un nivel increíblemente alto. Al mismo tiempo, me sentí incómodo con el uso excesivo de los títulos - entre otras cosas. No estoy exagerando al decir que casi todos los que conocí de este movimiento se consideraban profeta o apóstol. Les gustaba MUCHO los títulos. Incluso me llamaban profeta a un mes de conocerme. Sin embargo, no pasó mucho tiempo antes de que lo malo empezara a pesar más que lo bueno, lo que me hizo decidir seguir adelante. Por mi parte, no me ofendí por este grupo porque me considero una persona que puede "comer la carne y escupir los huesos". Sin embargo, ciertamente puedo entender cómo la manera en que estas personas administraban los dones de Dios podría desanimar a otras personas.

Esta experiencia y muchas otras me han dado algo de comprensión y compasión por aquellos que luchan con alguien que es llamado profeta en nuestro mundo hoy en día. Al mismo tiempo, la Biblia nos dice que Dios ha llamado a algunos a ser profetas, incluso hoy en día, y nosotros nos perderíamos lo que Dios pretende si elegimos no abrazar lo que Él ha dado. Dicho esto, no podemos darnos el lujo de desarrollar nuestra teología o el desarrollo de nuestro ministerio basado en las heridas del pasado o en los malos ejemplos que despreciamos. La oscura perspectiva de lo que es y lo que hace un profeta solo persistirá si permanecemos en ignorancia acerca del propósito de los profetas entre nosotros. A lo largo del resto de este libro me referiré a los profetas del Nuevo Testamento principalmente como "los profetas de Jesús". Mi razonamiento para esto es simple: eso es lo que son.

Jesús es "El Profeta"

En nuestro último capítulo discutimos cómo la función primaria de un número selecto de profetas fue establecer un pacto entre Dios y Su gente. Leímos sobre cómo Abraham y Moisés funcionaron como mediadores de un pacto, tanto de palabra como de hecho, y que Dios los usó para llevar a cabo Su voluntad en el tiempo y la historia.

Sin embargo, la historia no se detiene ahí. Algo más grande estaba por venir, y los profetas de antaño lo sabían. No comprendieron completamente lo que se avecinaba, pero estaban apuntando a algo—o debería decir, a alguien—que cumpliría el anhelo que expresaron (Mt. 13:17).

Moisés pasó sus últimos días preparando al pueblo de Israel para ir a la Tierra Prometida con corazones leales y obedientes. Él era su líder. Era su mediador. Era su profeta. Lamentablemente, Moisés no pudo ir con ellos en este viaje debido a su propia desobediencia y tergiversación de Dios entre la gente. Josué iba a tomar el lugar de Moisés en el liderazgo cuando ellos entraran en la tierra, pero Dios le dijo a Moisés que iba a levantar un nuevo tipo de profeta que eventualmente lo reemplazaría. Este profeta sería como Moisés, solo que más grande:

Por eso levantaré entre sus hermanos un profeta como tú; pondré mis palabras en su boca, y él les dirá todo lo que yo le mande. Si alguien no presta oído a las palabras que el profeta proclame en mi nombre, yo mismo le pediré cuentas (Dt. 18:18-19).

La promesa que Dios dio de levantar un futuro profeta fue en realidad una profecía mesiánica sobre la venida del Señor Jesucristo. Por alguna razón, algunas personas han interpretado este pasaje de las Escrituras como la identificación del llamado de un profeta o la definición de las calificaciones de un profeta. Incluso he escuchado a algunos maestros de la Biblia usar este pasaje para descalificar a los profetas modernos si no cumplen los estándares de 100% de exactitud en sus palabras de Dios. Nosotros no debemos interpretar este pasaje de otra manera que no sea la que se pretendía, que es identificar al Mesías venidero, a quien conocemos como Jesucristo, y a quien las Escrituras se refieren como "El Profeta". Por favor, no me malinterpretes. Jesús fue ciertamente más que un profeta. Sin embargo, al considerar el contexto de este pasaje, notamos que este "Profeta" vendría de Israel y reflejaría el ministerio de Moisés. Jesús vino como un judío, y estableció un pacto—el Nuevo Pacto (He. 8:6).

Israel esperaba la llegada de "El Profeta" y comprendía la diferencia entre quien sería esta persona y cualquier otro profeta entre ellos. Cuando Juan el Bautista fue interrogado sobre su identidad, se le preguntó específicamente si él era "el Profeta" (Jn. 1:21). El apóstol Pedro, mientras explicaba el evangelio a una multitud de judíos, se refirió a Jesús como "el Profeta" que fue anticipado desde el tiempo de Moisés (Hch. 3:22). Inmediatamente antes de su martirio, un discípulo llamado Esteban defendió el evangelio ante el Sanedrín e identificó claramente a Jesús como "el Profeta" que iba a venir (Hch. 7:37).

Jesús no solo era "un" profeta, sino que en realidad era "EL PROFETA". Era como Moisés en el sentido de que tendría una comunicación directa con Dios y mediaría un nuevo pacto a través de Su sangre que cambiaría para siempre la relación entre Dios y Su pueblo. El nuevo pacto nos enseña que Jesús es el único mediador que necesitamos: "Porque hay un solo Dios y un solo mediador entre Dios y los hombres, Jesucristo hombre, quien dio Su vida como rescate por todos. Este testimonio Dios lo ha dado a su debido tiempo" (1 Ti. 2:5-6). Es a través de Él que todos nosotros podemos estar cerca de Dios y relacionarnos con Él como nuestro Padre celestial.

Juan el Bautista hizo una declaración muy importante que a menudo es mal citada y mal entendida. Dijo: "A él le toca crecer, y a mí menguar" (Jn. 3:30). No podemos permitir que la mala interpretación moderna nos haga perder el significado de esta declaración. Juan el Bautista fue el último profeta del antiguo pacto. Jesús fue el primer profeta de un nuevo y mejor pacto. Juan representaba lo viejo; Jesús representaba lo nuevo. El "menguar" al que Juan se refiere respecto a sí mismo no fue un comentario personal con relación a su estatura o prominencia sino lo que representaba como portavoz de Dios. Con el crecimiento de Jesús, ya no había necesidad de profetas como mediadores entre Dios y Su pueblo. Ese aspecto del papel del profeta se cumple claramente y se sustituye en la persona de Jesucristo. Considera cómo lo dice el escritor de Hebreos:

> *Dios, que muchas veces y de varias maneras habló a nuestros antepasados en otras épocas por medio de los profetas, en estos días finales nos ha hablado por medio de su Hijo. A este lo designó heredero de todo, y por medio de él hizo el universo* (He. 1:1-2).

Este versículo no significa que ya no hay profetas hoy en día; tampoco significa que Dios ya no le habla a la gente. El escritor de Hebreos explica que el papel de los profetas de hablar *en nombre de* Dios a la gente está ahora completamente cumplido en la persona de Jesucristo, que es la última y más grande revelación del Padre. Ahora, cada ministerio, incluyendo el de profeta, está sujeto a la misión, mensaje y ministerio de Jesús, quien nos muestra el camino en todo.

> **Ahora, cada ministerio, incluyendo el de profeta, está sujeto a la misión, mensaje y ministerio de Jesús, quien nos muestra el camino en todo.**

Profetas de Jesús: Similares, pero no Iguales

El nuevo pacto ciertamente nos ha llevado a una nueva realidad, donde la gente común puede acercarse a Dios, vivir en relación con Él, y escuchar Su voz personalmente. Algunos piensan que significa que ya no es necesario el papel de profeta. Simplemente no es el caso. El Nuevo Testamento nos muestra que los profetas todavía existen entre la gente, pero su papel ha cambiado en maneras muy específicas. El profeta del antiguo pacto ha sido reemplazado por el profeta del nuevo pacto, y esta transición trae consigo una nueva descripción de trabajo para el ministerio. Sin embargo, todavía hay algunas similitudes entre los profetas de antaño y los profetas de Jesús que vale la pena mencionar.

¿Cuáles son *las similitudes* entre los profetas de antaño y los nuevos profetas?

1. Ambos escuchan la voz de Dios de varias maneras.
2. Ambos están llamados por Dios para ser profetas.
3. Ambos están ungidos por el Espíritu Santo para profetizar.
4. Ambos tienen una vida singularmente marcada entre el pueblo de Dios.

Aunque estoy seguro de que hay muchas otras similitudes, estas cuatro parecen ser las más distintivas. Bajo el nuevo pacto, los profetas todavía tienen un papel importante, pero es uno entre toda una lista de otros papeles importantes como el de apóstol, evangelista, pastor y maestro (Ef. 4:11-13). No solo cambió el papel del profeta, pero también cambió otros papeles del antiguo pacto como el de rey, sacerdote y juez. El papel de rey fue reemplazado por Jesús que murió físicamente en una cruz con un anuncio sobre Su cabeza que decía, "El Rey de los Judíos" (Lc. 23:38) y es revelado en Su segunda venida como "El Rey de Reyes" (Ap. 19:16). El papel de sacerdote se ha transferido al pueblo en su conjunto (1 P. 2:9) y a varios miembros dotados del cuerpo de Cristo, tales como pastor y maestro (Ef. 4:11-13). Jesús, por supuesto, es ahora y eternamente nuestro "gran sumo sacerdote" (He. 4:14). El papel del profeta ha permanecido bajo el nuevo pacto, pero es importante que nosotros entendamos sus diferencias con los profetas de antaño.

¿Cuáles son *las diferencias* entre los profetas de antaño y los nuevos profetas?

1. Los profetas de Jesús no escriben las Escrituras. Aunque no todos los profetas de antaño escribieron las Escrituras, sabemos que algunos sí las escribieron y que ya no es una función de los profetas de hoy en día.

2. Los profetas de Jesús no son mediadores. Ahora que toda la gente puede escuchar Su voz, el papel del profeta ha cambiado de ser "la" voz de Dios, a ser "una" voz de Dios.

3. Los profetas de Jesús no tienen autoridad exclusiva. No todos los profetas de antaño fueron aceptados, pero su papel implicaba una autoridad que los profetas de hoy no tienen. Los profetas de hoy son parte de un equipo. Sus palabras necesitan ser discernidas, porque ellos saben solo en parte y profetizan solo en parte.

Como con las similitudes, estoy seguro de que hay muchas más diferencias que no he mencionado. Sin embargo, estas diferencias son cruciales porque están entrelazadas con el nuevo pacto. Si una persona no tiene buena comprensión del nuevo pacto, es probable que su ministerio esté equivocado en el mejor de los casos y sea perjudicial en el peor de los casos. Los profetas en el nuevo pacto son profetas de Jesús que manifiestan Sus palabras junto a Su carácter. Esto requiere que conozcamos el amor de Dios al enviar a Jesús, la gracia de Dios a través del sacrificio de Jesús, y el ministerio del Espíritu para atraer a todas las personas a Jesús. Sabemos lo que todos los profetas de antaño no sabían (1 P. 1:10-12). Tenemos lo que todos los profetas de antaño no tenían. Por lo tanto, nuestro ministerio profético debe reflejar lo que sabemos y lo que tenemos, o no traerá los resultados por los que Jesús dio Su vida.

> **Si una persona no tiene buena comprensión del nuevo pacto, es probable que su ministerio esté equivocado en el mejor de los casos y sea perjudicial en el peor de los casos.**

Los Profetas de Jesús Señalan a Jesús

El antiguo pacto estaba basado en la ley. Los profetas de antaño llamaron a Israel a obedecer la ley, y cuando el pueblo de Dios permaneció en su desobediencia, el profeta, a veces, pronunció el juicio de Dios. Lo hicieron basándose en los términos del antiguo pacto entre Dios y Su pueblo: si obedecían, recibirían las bendiciones (Dt. 28:1-14), pero si desobedecían, recibirían un juicio (Dt. 28:15-68). Sin embargo, este es el problema: nadie podía cumplir con las justas exigencias de la ley nunca (Ro. 3:19-20), lo que significaba que ese juicio era inevitable. La ley era justa al igual que las palabras de corrección de los profetas. Sin embargo, las Escrituras nos enseñan que no importaba lo que dijeran los profetas ni cuántas veces lo dijeran, el pueblo no era capaz de obedecer completamente (Ro. 6). Nuestro mundo necesitaba un salvador. Necesitábamos un nuevo pacto. Por eso vino Jesús a nuestro mundo: "Porque la Ley fue dada por medio de Moisés; la gracia y la verdad nos han llegado por medio de Jesucristo" (Jn. 1:17).

Jesús vino a ofrecer la gracia. Vivió sin pecado, voluntariamente dio Su vida como sacrificio por nuestros pecados, murió en la cruz y resucitó sobrenaturalmente de la muerte. Jesús es la gracia de Dios. Él hizo lo que nosotros nunca podríamos hacer, y nos ofrece el perdón de los pecados y el derecho de estar con el Padre si ponemos nuestra confianza en Él. Por lo tanto, la salvación no está basada en cómo nos comportamos sino en lo que creemos. El nuevo pacto está basado en esta importante verdad, que obviamente contrasta directamente con los términos del antiguo pacto. Podemos recibir la gracia de Dios porque Jesús tomó nuestro juicio. Podrías estarte preguntando, "¿Por qué estás enfatizando tanto en esto? Pensaba que estábamos hablando de profetas". Bueno, piensa en cómo estas verdades afectan la mentalidad y el ministerio de los profetas, ya que reciben y comparten palabras de Dios.

El nuevo pacto afecta todo. Los profetas de antaño declararon juicio cuando Israel no se adhirió a los términos del pacto o prestó atención a la voz de Dios. Jesús vino a la tierra y fue juzgado por todos los pecados, y nos lleva a una dispensación de la gracia donde el juicio es suspendido hasta que Jesús regrese, cuando juzgará con justicia a los vivos y a los muertos (1 P. 4:5). Los profetas de Jesús deben entender esto si quieren ministrar apropiadamente en su don. No digo que Dios nunca dará palabras que sean difíciles, como advertencias o correcciones (Ap. 1-3). Sin embargo, no creo que la revelación profética es la manera principal en que Dios da corrección a las personas bajo el nuevo pacto. De hecho, creo que Mateo 18 y otros pasajes como este muestran que la corrección viene principalmente a través de la relación (amigos) y cobertura (líderes).

He conocido demasiadas personas que afirman tener el don de profecía o el llamado de profeta que no entienden las importantes diferencias entre los profetas del antiguo pacto y del nuevo pacto. Ellos hablan de una manera que implica una autoridad divina, exclusiva, e incuestionable. Se llenan de asombro cuando la gente no obedece sus palabras. Ellos denuncian iglesias, ministros, movimientos, y cualquiera que no esté de acuerdo con ellos. Se centran mucho en las advertencias sin darse cuenta de que están manifestando elementos de un ministerio profético que ya no es para hoy. Toman sus señales proféticas de Isaías, Jeremías, Moisés o incluso Elías como si fueran el modelo para el profeta del Nuevo Testamento. Aunque ciertamente podemos aprender y extraer algunas cosas de los profetas de antaño, ellos no pueden ser nuestro modelo de lo que es un profeta hoy en día.

Cada miembro del cuerpo de Cristo está llamado a predicar el evangelio (Mc. 16:15) y a hacer discípulos de Jesús (Mt. 28:18-20). Este es el mensaje y el ministerio que se ha transmitido a todos nosotros. Los llamados que algunos de nosotros tenemos, como apóstol, profeta, evangelista, pastor o maestro, están interconectados a la misión que nos ha sido dada por el mismo Jesús. Por lo tanto, los profetas de Jesús deben ministrar de tal manera que señalen a Jesús. Los líderes religiosos que se opusieron al ministerio de Jesús señalaron a Moisés como su profeta (Jn. 9:28-29). De la misma manera, los profetas de Jesús se ven obligados a señalar a la persona y al mensaje del Señor Jesucristo como la fuente y estándar para todo.

Los Profetas de Jesús Fortalecen a la Gente

Hace muchos años, vi una casa histórica que fue construida en 1890 que se convirtió en un punto de aprendizaje para mí. Entré en el sótano y miré alrededor durante un buen tiempo hasta que me di cuenta que los cimientos del perímetro de la casa eran mucho más grandes de lo que jamás había visto. La casa tenía tres pisos por encima del sótano, que era bastante grande, pero esta base aún no parecía normal. Le pregunté a un inspector sobre esto, y me dijo que puede ser común que una casa vieja necesitara que sus cimientos fueran reforzados. Aprendí que hay muchas razones para reforzar un cimiento, como las grandes grietas en los mismos, erosión de la tierra, o un cambio en el nivel freático debajo de la casa. Además de esto, los códigos de construcción cambian con el tiempo, y mientras se anticipan eventos futuros, como un terremoto, se quiere estar preparado lo mejor posible, lo que puede requerir ampliar la base para que sea suficientemente fuerte para soportar cualquier cosa que se presente. La gente que se contrata para fortalecer los cimientos de una edificación está capacitada para evaluar los problemas posibles y aplicar soluciones que hagan que su hogar sea más fuerte que antes. Creo que esto puede servir como una gran metáfora de lo que los profetas proporcionan al cuerpo de Cristo y a la gente en general.

Los profetas de Jesús fortalecen a la gente. Lo hacen de muchas maneras diferentes, pero el resultado final es que la gente sea más fuerte en el Señor como fruto de su ministerio. Los profetas tienen la habilidad de ver las grietas en nuestros cimientos, escuchar la voz de Dios en busca de soluciones,

Los profetas de Jesús fortalecen a la gente. Lo hacen de muchas maneras diferentes, pero el resultado final es que la gente sea más fuerte en el Señor como fruto de su ministerio.

y ayudar con los planes para hacer las cosas más fuertes de lo que eran antes. Necesitamos los profetas de Jesús en la Iglesia y alrededor de nuestras vidas si queremos ser mejores de lo que somos. Para destacar esto, aquí está una breve mirada a cuatro maneras diferentes en que los profetas de Jesús fortalecen a otros.

1. Los profetas de Jesús profetizan

¿Has recibido alguna vez una palabra profética de alguien que inmediatamente liberó un nuevo nivel de fe y confianza? Seguro que sí. Probablemente cuando fuiste un joven escuchaste el dicho, "Los palos y las piedras pueden romper mis huesos, ¡pero las palabras nunca me harán daño!" El hecho de que tuvimos que inventar un dicho para construir de alguna manera una falsa salvaguarda para nuestra alma solo muestra cuán seria fue la mentira. El hecho es que, las palabras tienen poder. ¿Cuánto más, entonces, las palabras de Dios? El apóstol Pablo describe el poder de las palabras proféticas en su primera carta a los Corintios: "En cambio, el que profetiza habla a los demás para *edificarlos*, animarlos y consolarlos" (1 Co. 14:3, énfasis añadido).

Las palabras proféticas nos "fortalecen" liberando la confianza, la fe, la claridad y el poder sobrenatural que nos ayuda a levantarnos, dar un paso adelante y hablar como nunca antes. El profeta Ágabo profetizó sobre una gran hambruna que se produciría, y al oír esto, los creyentes respondieron dando generosamente (Hch. 11:27-30). Ágabo también visitó al apóstol Pablo y profetizó que sería encarcelado. Pablo respondió con gran valentía ante la adversidad (Hch. 21:10-14). Dos profetas llamados Judas y Silas bajaron a Antioquía y profetizaron, lo que causó que los creyentes de allí "fueran fortalecidos" en el Señor (Hch. 15:32). Cuando los profetas profetizan, vemos que la fuerza de Dios es liberada en nosotros, ¡lo que provoca una respuesta obediente de nosotros!

2. Los Profetas de Jesús capacitan

Cuando el apóstol Pablo escribió a la iglesia en Éfeso, compartió una perspectiva única de cómo Jesús dio una medida de Sus dones (apóstol, profeta, evangelista, pastor y maestro) a diferentes individuos para el propósito de edificar la iglesia:

> *Pero a cada uno de nosotros se nos ha dado gracia en la medida en que Cristo ha repartido los dones. Por esto dice, "CUANDO ASCENDIÓ A LO ALTO, SE LLEVÓ CONSIGO A LOS CAUTIVOS Y DIO DONES A LOS HOMBRES" (¿Qué quiere decir eso de que "ascendió", sino que también descendió a las partes bajas, o sea, a la tierra? El que descendió es el mismo que ascendió por encima de todos los cielos, para llenarlo todo). Él mismo constituyó a unos, apóstoles; a otros, **profetas**; a otros, evangelistas; y a otros, pastores y maestros, a fin de **capacitar al pueblo de Dios para la obra de servicio**, para **edificar el cuerpo de Cristo**. De este modo, todos llegaremos a la unidad de la fe y del conocimiento del Hijo de Dios, a una humanidad perfecta que se conforme a la plena estatura de Cristo (Ef. 4:7-13, énfasis añadido).*

La palabra aquí para "capacitar" significa preparar, equipar o dar suficiente equipaje. Los profetas capacitan a la iglesia en el área del ministerio para el que están específicamente llamados y dotados. Por lo tanto, los profetas de Jesús enseñan y entrenan al cuerpo de Cristo a escuchar, discernir y compartir lo que el Espíritu Santo dice. Cuando la Iglesia está lista para escuchar la voz de Dios por sí misma y lista para darse palabras proféticas los unos a los otros, trae gran fortaleza al cuerpo de Cristo.

3. Los Profetas de Jesús imparten

A veces en las iglesias pentecostales carismáticas se oye el término, "impartición". Una iglesia puede tener un servicio de "impartición", que básicamente significa que ciertos líderes van a orar para que la gente reciba algo del Espíritu Santo. Soy muy consciente de que esta práctica está siendo abusada o degradada, lo cual es alarmante y triste. A pesar de los abusos, sin embargo, vemos momentos en la

Biblia donde la gente ora para que otros reciban la unción o dones del Espíritu Santo, y realmente sucede. He experimentado esto personalmente en y a través de mi propia vida también.

En el libro de los Hechos, aprendemos que cuando Pablo y Bernabé fueron a Antioquía, un grupo de profetas estaba presente entre ellos. Cuando ellos ayunaron y oraron, el Espíritu Santo habló a través de uno de los profetas y dijo: "Apártenme ahora a Bernabé y a Pablo para el trabajo al que los he llamado" (Hch. 13:2). Después de esta palabra profética, los profetas les impusieron las manos y los enviaron a su primer viaje misionero que puso el mundo al revés. Para embarcarse en tal misión, Pablo y Bernabé necesitaban fortaleza, la cual el Espíritu Santo impartió a través de los profetas y sus palabras. Además, aprendemos que el apóstol Pablo y el cuerpo de ancianos tuvieron la capacidad de impartir un don espiritual al joven Timoteo a través de una palabra profética y la imposición de manos (1 Ti. 4:14; 2 Ti. 1:6). Cuando los profetas están presentes y ministran de manera saludable, funcionan como catalizadores de la impartición espiritual, aportando valor y fortaleza a todos los que les rodean.

4. Los Profetas de Jesús disciernen

Los profetas tienen un discernimiento único que le permite a la gente que los rodean ver más claramente. La perspectiva de un profeta tiende a provocar la pregunta que a menudo no nos hacemos en medio de las circunstancias: "¿Qué está diciendo el Señor en este momento?" El discernimiento nos ayuda a saber lo que Dios está diciendo en medio de muchas voces y opiniones. En la iglesia primitiva, los profetas discernían la fuente de la enseñanza, palabras proféticas, y la dirección

> **La perspectiva de un profeta tiende a provocar la pregunta que a menudo no nos hacemos en medio de las circunstancias: "¿Qué está diciendo el Señor en este momento?"**

para el cuerpo de Cristo (1 Co. 14:29-33). Esta función sigue estando disponible hoy en día, y aunque los profetas no son los únicos que ofrecen esta contribución, ciertamente están programados para hacerlo.

Algo que he escuchado una y otra vez es lo útil que ha sido la perspectiva de un profeta. A menudo puede ser lo contrario si el profeta no tiene una mentalidad saludable, un estilo de vida sano, o humildad al compartir el discernimiento que Dios le ha dado. La verdad sigue siendo que cuando los profetas están operando de una forma saludable todos somos más fuertes gracias a ello.

¿Cómo sabes si eres profeta de Jesús?

Hemos discutido la teología, el propósito y la función de los profetas, pero la pregunta que te podrías estar haciendo es, "¿Cómo sé si soy profeta?" O tal vez te estés preguntando: "¿Cómo identifico a alguien como verdadero profeta?" Para ayudar a responder estas preguntas, desarrollé una lista breve que te ayudará a discernir la vocación de profeta en ti o a tu alrededor.

1. El llamado de profeta

¿Has recibido el llamado de profeta?

Antes de poder identificar a un profeta, debes entender la diferencia entre el llamado de profeta y el don de profecía. Lo que he descrito a lo largo de este capítulo es el llamado de profeta. Como hemos discutido, una de las funciones del profeta es el don de profecía. Sin embargo, hay personas que no están llamadas como profetas que tienen el don de profecía (Ro. 12:6; 1 Co. 12:10). El concepto de que puedes tener la función de profecía sin el llamado de profeta es en realidad un paradigma del Nuevo Testamento. Yo he conocido a mucha gente que es muy profética pero, más allá de dar las palabras proféticas, no ejemplifican las características de un profeta.

Según la Biblia, todo el mundo puede profetizar, y todos nosotros deberíamos desear hacerlo como personas llenas del Espíritu (1 Co. 14:1-3). Pero, ¿acaso significa que todos pueden ser profetas?

La respuesta simple es NO. Jesús da el llamado de profeta a cualquiera que elija, y no hay evidencia de que esto es algo que podemos o debemos desear (Ef. 4:7-13). Para identificar a alguien como profeta, querríamos saber cómo fue llamado a este ministerio. Podría ser que Dios le habló directamente, o recibió una palabra profética de alguien más, pero siempre hay evidencia de un llamado profético sobre su vida.

2. La unción para profetizar

¿Profetizas de manera consistente?

Sabemos que los profetas profetizan. Sin embargo, una cosa que distingue a los profetas de los demás es el alcance y la consistencia de sus palabras. Los profetas a menudo tienen una autoridad única para dar palabras proféticas locales, regionales y nacionales, dependiendo del nivel de su autoridad. Además, los profetas no suelen tener que pedirle a Dios las palabras proféticas porque fluyen hacia y a través de ellos basadas en su llamado. El ministerio profético consistente es evidencia de que el Espíritu Santo ha ungido a alguien que tiene el llamado de profeta.

Los profetas deben tener un historial de dar palabras proféticas precisas que dan fruto. No es suficiente que alguien te diga que Dios le habló proféticamente de cosas que ya existen. Esto puede ser una forma de manipulación. Las preguntas que me hago para determinar si alguien es profeta o no son las siguientes: ¿Profetiza consistentemente? ¿Da palabras proféticas claras? ¿Son exactas las palabras proféticas? ¿Dan fruto sus palabras proféticas? ¿Es su ministerio claro o confuso?

3. La confirmación de la comunidad

¿Ha sido confirmado tu llamado profético por el cuerpo de Cristo?

El llamado de profeta se da para el fortalecimiento de la iglesia. Por lo tanto, este llamado debe ser establecido y confirmado en el contexto de la iglesia. He encontrado muchos que dicen tener el llamado de profeta sin ninguna confirmación de la gente alrededor de ellos. Es posible que la gente que está conectada a un profeta no tiene la capacidad de abrazar tal llamado, pero normalmente no es así. Israel confirmó que Samuel era profeta (1 S. 3:20), y la iglesia en el Nuevo Testamento abrazaba y reconocía profetas como Ágabo, Judas y Silas, entre muchos otros. Si una persona asegura ser profeta, pero no tiene el historial de ser reconocido o confirmado por los líderes, su iglesia, o su comunidad, yo sería bastante escéptico de esa afirmación. Tarde o temprano, cada llamado profético requerirá la confirmación de la comunidad para ser la presencia beneficiosa que Dios pretende.

4. La pasión por el discipulado

¿Deseas capacitar a otros para profetizar?

Una de las mayores diferencias entre una persona que es llamada a ser profeta y uno que tiene el don de profecía es el deseo y el correspondiente fruto de capacitar a otras personas. Los profetas tienen una carga por discipular al cuerpo de Cristo para que escuche la voz, el discernimiento, el profetizar y el ministerio sobrenatural de Dios. Puede ser que esta carga no se evidencie en un profeta joven, pero en algún momento se convertirá en una pasión mientras se desarrolla en su ministerio (Ef. 4:7-13).

5. La carga de la santidad

¿Tienes la carga de que la gente obedezca a Jesús?

Aunque estoy seguro de que cada líder desea que todas las personas vivan una vida santa, parece que el profeta lleva una carga única para que el pueblo de Dios siga a Jesús con entrega total. Los profetas de antaño mostraban esta carga con bastante frecuencia, ya que Dios los usaba para llamar a Su pueblo al arrepentimiento y la obediencia total. Los profetas de Jesús llevan una carga similar, ya que provocan que el pueblo de Dios camine con Dios personalmente y lo obedezcan completamente. A medida que los profetas maduran y se desarrollan, crecen en compartir la verdad con amor mientras dejan atrás el estigma de una personalidad enojada, que a menudo se asocia con su ministerio.

Capítulo 6

Los Falsos Profetas

Una mañana recibí un correo electrónico de un hombre llamado Dave que decía que necesitaba hablar conmigo. Enfatizó que era "muy importante". El mensaje parecía genuino, pero no tenía tiempo para reunirme muy pronto. Así que le pregunté si podía compartir su mensaje urgente a través de un correo electrónico. Dave aceptó, y unos días después me envió un mensaje preocupante que nunca he olvidado. "Hola Ben," así comenzaba su correo electrónico, "gracias por leer mi mensaje. Hace unas pocas semanas, alguien me dio tu libro, *"Escuchando a Dios"*, y cuando empecé a leerlo, sabía que tenía que hablar contigo". En este punto, asumí que Dave estaba a punto de decirme cuánto le había gustado el libro y cómo lo había bendecido (había recibido ese tipo de mensajes alentadores anteriormente). Pero eso no fue lo que pasó. "Mientras leía los primeros dos capítulos", continuó Dave, "me sentí muy perturbado por tus historias y por la forma en que te referías a la Biblia". En este punto, sabía a dónde iba Dave con esta conversación. Pero todavía tenía curiosidad, así que le pregunté: "¿Cuales son tus preocupaciones, Dave?" Él respondió, "Ben, estás engañando a la gente con tu libro, y creo que es importante para mí corregirte. La Biblia dice que *los falsos profetas* engañan a la gente con doctrinas de demonios, visiones mentirosas, y declaraciones sobrenaturales falsas, y esto es lo que estás haciendo". Dave me envió otro puñado de mensajes que contenían versículos Bíblicos pidiéndome que me arrepintiera de mis supuestos pecados. A través de todo esto, declaró muchas veces que yo no era un cristiano, sino un falso profeta que daría cuentas a Dios de cómo estaba engañando a la gente.

No era la primera vez que alguien se dirigía a mí de esta manera, ni sería la última. Ahora, déjame asegurarte que no soy un falso profeta, y no estoy compartiendo esto para reivindicarme. La pregunta pertinente es, ¿por qué pensaba Dave que yo era un falso profeta? Él nunca me había conocido, nunca había estado en mi iglesia, nunca me había oído enseñar o profetizar, y no tenía relación con nadie que me conociera. Estoy contando esta historia porque ilustra una versión extrema de un problema muy común en el cuerpo de Cristo hoy en día: no sabemos lo que es un falso profeta en realidad. He escuchado el término "falso profeta" siendo usado mucho en diferentes contextos y es mi creencia que nuestro discernimiento de esta seria etiqueta se ha nublado en el mejor de los casos. En el caso de Dave, pensaba que yo era un falso profeta principalmente porque teníamos diferencias teológicas. Un desacuerdo sobre las diferencias teológicas no le da a nadie permiso para etiquetar a alguien como un falso maestro o profeta, pero sucede todo el tiempo.

Dicho esto, deberíamos ser conscientes de que los falsos profetas en realidad existen y seguirán emergiendo hasta que Jesús regrese. De hecho, Jesús dijo claramente a Sus discípulos que surgirían "muchos" falsos profetas para engañar a la gente (Mt. 24:11). La advertencia que Jesús dio con respecto a los falsos profetas debería provocar nuestro sentido de necesidad de equipar y discernir para ayudar a todos los que están en nuestra esfera de influencia a evitar el engaño y la falsedad. Sin embargo, no debemos permitir que nuestro miedo a lo falso desvíe nuestro deseo y búsqueda de lo verdadero. Yo también he visto muchas iglesias e individuos que han renunciado por completo al ministerio profético porque el riesgo de algo inmaduro o falso era mayor que el potencial de algo auténtico y fructífero. Jesús no nos advirtió sobre lo falso para que renunciemos a lo auténtico, sino para hacernos plenamente conscientes de que algo tan bueno y necesario como el ministerio profético será falsificado por el enemigo. Mientras desarrollamos un ministerio profético saludable, debemos estar preparados para lidiar con falsos profetas y profecías que, desafortunadamente, tienden a aparecer con más frecuencia a medida que perseguimos fielmente lo real.

Yo también he visto muchas iglesias e individuos que han renunciado por completo al ministerio profético porque el riesgo de algo inmaduro o falso era mayor que el potencial de algo auténtico y fructífero

¿Qué es un falso profeta?

Lo primero que debemos reconocer en esta conversación es que tenemos un enemigo. En sus cartas a las iglesias de Éfeso y Corinto, el apóstol Pablo dejó claro que nuestro enemigo tiene *artimañas* para engañar y destruir nuestras vidas (2 Co. 2:11; Ef. 6:11). Estamos en guerra con Satanás y sus fuerzas demoníacas, quienes constantemente planean nuestra desaparición porque nos odian y no quieren nada bueno para nosotros. Mientras que nuestro enemigo tiene varias armas en su arsenal para usar contra el pueblo y los propósitos de Dios, sabemos que la principal entre ellas es el arma del engaño. Vemos a Satanás empuñando esta arma desde el mismo principio, cuando cuestionó directamente lo que Dios le dijo a Adán y Eva para hacerles creer una mentira (Gn. 3:4).

En la Biblia, Satanás ataca directamente a Adán y Eva, a Jesús y a algunos otros. Sin embargo, así no es como el enemigo nos atacará a nosotros. Satanás no es omnipresente; no puede estar en más de un lugar al mismo tiempo. Esto significa que nuestra batalla es principalmente con los espíritus demoníacos que usan todo tipo de trucos para desviarnos del camino. Los espíritus demoníacos buscarán engañar a algunos individuos de tal manera que se conviertan en una voz del enemigo. En esencia, eso es lo que un falso profeta es realmente, una voz del enemigo. Pablo dijo que "nuestra lucha no es contra seres humanos" (Ef. 6:12), pero eso no significa que nuestras luchas no involucrarán a personas reales que se han permitido ser una voz de una fuente demoníaca. Para ser claro: *un falso profeta es una persona que comparte palabras proféticas o revelación de otra fuente, ya sea su mente carnal o un espíritu demoníaco.* La intención de un falso profeta es llevar a la gente a dejar de seguir al Dios verdadero a cambio de uno falso, ya sea el falso profeta o una entidad demoníaca real (Dt. 13:1-5). Los falsos profetas a menudo profetizarán exactamente lo contrario de lo que Dios ha dicho realmente (Jer. 14:13-16) y mentirán a la gente diciendo lo que quieren oír con el fin de conseguir seguidores para sí mismos (Ez. 13). La cuestión fundamental con respecto a los falsos profetas es que *no son cristianos*, y por lo tanto no tienen el Espíritu Santo viviendo dentro de ellos.

He encontrado que hay dos tipos de falsos profetas que nosotros debemos reconocer. En primer lugar, hay aquellos que literalmente representan y hablan por otro dios. A lo largo de la historia del Antiguo Testamento vemos muchos dioses que fueron adorados entre los antiguos egipcios, cananeos y otros grupos de personas. Todos estos llamados dioses tenían profetas que hablaban por ellos, al igual que Yahvé tenía Sus profetas también (1 R. 18:19). Una de las razones por las que los profetas de Yahvé decían, "Así dice el Señor", es porque ellos estaban haciendo la distinción en cuanto al Dios para el que estaban hablando. Siempre que la palabra "SEÑOR" está en mayúscula en el Antiguo Testamento, es una sustitución de Yahvé, el nombre del pacto personal de Dios. Aunque se advirtió al pueblo de Israel que no consultara con aquellos que practicaban la adivinación (Dt. 18:10) ni escucharan falsos profetas (Dt. 13:1-5), aún cometieron este pecado repetidamente.

Los ejemplos modernos de este tipo de falsos profetas serían líderes de otras religiones como el Islam, el Budismo y el Hinduismo, o incluso cultos como el Mormonismo y los Testigos de Jehová. Los mormones creen que su fundador, Joseph Smith, les dio una misión divina como profeta de Dios para restaurar la verdadera iglesia y hacer surgir el libro de mormón. Los musulmanes creen que su libro sagrado, el *Corán*, es una revelación divina dada al profeta Mahoma por el arcángel Gabriel. Estos hombres fueron falsos profetas que no solo profetizaron falsas revelaciones, sino que también llevaron a la gente a seguir a otro dios, como podemos ver claramente hoy en día.

El segundo tipo de falsos profetas son aquellos que se presentan engañosamente como verdaderos seguidores de Dios cuando no lo son, y que comparten palabras proféticas afirmando que Dios es la fuente cuando no lo es. Puede ser posible que este tipo de profeta crea realmente que él es un verdadero seguidor de Dios, pero, en realidad, es un lobo disfrazado de oveja (Mt. 7:15-17). Esto es a lo que Jesús se refirió cuando dijo, "surgirá un gran número de falsos profetas que engañarán a muchos" (Mt. 24:11). No todos en esta categoría se llamarán a sí mismos profetas, pero afirmarán que Dios/Jesús es la fuente de su revelación. Hay muchas advertencias en las Escrituras con respecto a los falsos profetas y falsos maestros que nos llaman al discernimiento de nuestra parte cuando estos falsos profetas están operando entre nosotros (2 P. 2:1-2; 1 Jn. 4:1-3).

Distinguir lo Inmaduro de lo Falso

La mayoría de las enseñanzas respecto a los falsos profetas clasifican a aquellos que tienen un ministerio profético como falsos o verdaderos. Este es un punto de vista extremadamente inútil porque no permite ningún proceso de discipulado para aquellos que realmente son llamados como profetas, pero que necesitan ayuda para desarrollar su carácter y sus dones. Actualmente tenemos un sistema completo para el discipulado de pastores y maestros a través de nuestras universidades y seminarios bíblicos. ¿Qué hay

Profetiza

disponible para los profetas? Bueno, te digo que ¡no mucho! Si en algún momento queremos tener un ministerio profético saludable en la Iglesia, primero tendremos que abrazar el hecho de que los verdaderos profetas comienzan siendo inmaduros, tanto en carácter como en don. No es un pecado ser inmaduro, y no te hace falso si no profetizas 100% perfecto mientras creces en tu ministerio.

Hace unos años, me reuní con un grupo de pastores de jóvenes y jóvenes adultos de diferentes iglesias. Hablamos de todo tipo de asuntos por un tiempo y luego surgió el tema de los dones espirituales. La mayoría de ellos ya sabían que yo había pasado un gran porcentaje de mi ministerio ayudando a la gente a entender y operar en los dones del Espíritu Santo. A medida que nuestra discusión se profundizaba, podía notar que uno de los pastores de jóvenes tenía una visión significativamente diferente a la mía con respecto a la función de los dones espirituales. Hizo un comentario sobre el don de profecía que básicamente era algo así: "Si realmente tienes el don de profecía, nunca te equivocarás. Si es de Dios, entonces será 100% exacto; de lo contrario, no será de Dios". Después de hacer este comentario, muchos de los otros pastores estuvieron de acuerdo sin pensar en las implicaciones de lo que había dicho. Entonces hice una pregunta. "¿Tienen todos los dones y ministerios este mismo estándar?" Como él no respondió, continué. "¿Me estás diciendo que cada persona con un don de Dios comienza su ministerio al 100% del nivel de Jesús desde el primer día?" Esta conversación se prolongó durante una hora más o menos mientras debatimos el tema del discipulado en el área de los dones espirituales. Lo que estaba tratando de mostrarle, era que él había adoptado un punto de vista que permite que algunos dones crezcan a través del discipulado y la experiencia mientras que otros son falsos o verdaderos. El resultado final de este tipo de pensamiento es muy claro: no tendrás ningún profeta ni los dones proféticos operando entre ustedes.

Recuerden, los falsos profetas no son cristianos. Los profetas inmaduros son cristianos que todavía necesitan ser discipulados en lo que respecta a seguir a Jesús *y* sus dones. Los verdaderos profetas cometerán errores, mostrarán defectos de carácter, malinterpretarán y aplicarán erróneamente la revelación profética a veces, y fallarán en adherirse a los principios de la sabiduría tanto en la vida como en el ministerio. Adivina qué—no son perfectos. Esto es cierto para todos los cristianos y cada llamado que Dios nos da por exactamente la misma razón: todos estamos creciendo. Aunque ninguno de nosotros tiene licencia para pecar voluntariamente y no hacer caso de nuestros fracasos como si no importaran, sí tenemos una licencia para crecer y *hay* una diferencia.

Los verdaderos profetas cometerán errores, mostrarán defectos de carácter, malinterpretarán y aplicarán erróneamente la revelación profética a veces, y fallarán en adherirse a los principios de la sabiduría tanto en la vida como en el ministerio.

A veces me encuentro con gente que dice cosas como, "¡El Antiguo Testamento dice que cualquier profeta que da una profecía que no ocurra debe ser asesinado!" Mi pregunta es, "¿Es eso lo que la Biblia realmente dice? Este tipo de comentario viene de una referencia encontrada en Deuteronomio 18.

> *Por eso levantaré entre sus hermanos un profeta como tú*; pondré mis palabras en su boca, y él les dirá todo lo que yo le mande. Si alguien no presta oído a las palabras que el profeta proclame en mi nombre, yo mismo le pediré cuentas. Pero el profeta que se atreva a hablar en mi nombre y diga algo que yo no le haya mandado decir morirá. La misma suerte correrá el profeta que hable en nombre de otros dioses". Tal vez te preguntes: "¿Cómo podré reconocer un mensaje que no provenga del Señor?" Si lo que el profeta proclame en nombre del Señor no se cumple ni se realiza, será señal de que su mensaje no proviene del Señor. Ese profeta habrá hablado con presunción. No le temas" (Dt. 18:18-22, énfasis añadido).

Tal vez recuerden el capítulo 5 donde discutí este pasaje, señalando que es una profecía mesiánica. Dios le dijo a Moisés que levantaría un profeta como él (Moisés). Esta es una referencia específica a la venida de Jesús, que establecería un nuevo pacto. Sabemos que esta era la interpretación que Israel tenía para este pasaje de las Escrituras porque es interpretada de esta manera más adelante en el libro de los Hechos (Hch. 3:22; 7:37). Sugerir que este pasaje es una buena referencia sobre cómo tratar con los verdaderos profetas que malinterpretan la revelación profética o dan una profecía que no se cumple está fuera de contexto y es inútil. A decir verdad, la mayoría de las personas que tienen esta opinión no creen que haya profetas hoy en día de todos modos, por lo que no tiene sentido contextualizar el pasaje en este caso. Nunca he conocido a una persona con un llamado o don profético que quisiera equivocarse en una profecía o que de alguna manera estuviera de acuerdo con equivocarse en ella. No me malinterpretes. Sé que hay mucha gente profética equivocada, pero yo los consideraría inmaduros en su carácter y dones en lugar de completamente falsos. Además, si los profetas inmaduros no están dispuestos a rendir cuentas, ellos no merecen influenciar entre nosotros. Pero no deben ser considerados no cristianos, como es el caso de los falsos profetas.

La exactitud de una palabra profética no es necesariamente la forma principal en que determinamos si un profeta es falso, porque los verdaderos profetas en su inmadurez a veces se equivocan. Pueden fallar al enfatizar o dejar pasar por alto detalles importantes erróneamente, malinterpretar visiones, sueños, o decir algo de forma equivocada. Soy testigo de este tipo de errores con frecuencia. Es por eso que el apóstol Pablo le dijo a las iglesias de Corinto y Tesalónica que sopesen las palabras proféticas con el fin de determinar lo que viene de Dios (1 Co. 14:29; 1 Ts. 5:21). La precisión es definitivamente importante, por lo que necesitamos desarrollar profetas para que todos a su alrededor se beneficien de un ministerio saludable y fructífero. ¿No lo hacemos para la gente que enseña las Escrituras? Yo he enseñado la Biblia durante muchos años, y puedo admitir que hubo tiempos en los que proclamé con confianza una verdad de las Escrituras que más tarde me enteré que había malinterpretado. Espero que todos estemos de acuerdo en que aquellos que hacen tales cosas a propósito son falsos maestros, pero los que lo hacen por su inmadurez necesitan nuestro apoyo y gracia mientras crecen. Creo que necesitamos aplicar a los profetas el mismo principio que ya empleamos con los que enseñan la Palabra de Dios.

Cuando lo Genuino se Vuelve Falso

Hace muchos años, había un profeta itinerante muy conocido que ministró en una iglesia local en nuestra área. Hasta donde sé, fue la primera y última vez que se dirigió a Seattle, Washington. Gente de todas partes llenó la iglesia con mucha anticipación. Esa noche habló durante unos 30 minutos y luego comenzó a profetizar a varias personas del público. Su sermón fue bueno. Su ministerio profético fue acertado. La gente estuvo animada, y Dios fue glorificado. Un par de años después, escuché cómo este mismo hombre había iniciado un ministerio en línea donde la gente podía llamar para recibir profecías por una donación específica. Creyendo que esto no era posible, fui al Internet para investigarlo yo mismo. Lo que descubrí fue mucho peor de lo que me habían descrito. Buscando en la página web de ese ministerio, encontré que se podía comprar las suscripciones de los miembros que incluían palabras proféticas mensuales. Incluso vendían barras de jabón llamadas "jabón de profeta", que de alguna manera te daba la revelación mientras te bañabas con él. La peor parte fue ver uno de los programas en línea en el que este profeta usó la astrología como medio para conectarse con Dios. En medio de todo esto, estaba pensando, "¿Cómo puede alguien con verdadero amor por Dios y un ministerio profético tan increíble caer tan lejos de lo que una vez fue?"

Parece insondable que algo tan genuino pueda llegar a ser tan falso, pero sucede todo el tiempo. Hay algunos que empiezan siguiendo a Jesús, pero toman un giro equivocado en algún lugar del camino y terminan siguiéndose a sí mismos, o peor. Algunas de esas personas que hacen esto a veces dejan claro que ya no siguen a Jesús, mientras que otras afirman que lo que están haciendo es de Jesús. Ciertamente, podríamos discutir esto desde un punto de vista teológico mientras analizamos si se convirtieron en apóstatas o nunca fueron cristianos para empezar. Sin embargo para nuestros propósitos, yo quiero mantenerme enfocado en el hecho de que hay gente que parece completamente cristiana y ejerce un genuino don de profecía que más tarde se vuelve falso en su ministerio. Jesús conoce el verdadero estado del alma de una persona, pero nosotros necesitamos discernir cuando el ministerio de un individuo se vuelve falso, así como también protegernos de ese peligroso camino.

Jesús conoce el verdadero estado del alma de una persona, pero nosotros necesitamos discernir cuando el ministerio de un individuo se vuelve falso, así como también protegernos de ese peligroso camino.

¿Qué hace que una persona tome un camino tan oscuro? ¡Qué buena pregunta! Creo que la respuesta es la misma para cualquier cristiano y no solo para aquellos que profetizan. Quiero hablar sobre algunas de las principales trampas que he visto convertir las voces proféticas de fructíferas a dañinas. Estas son algunas formas en que esto sucede.

1. La Ofensa y La Amargura

Como todos los demás, los profetas pueden sentirse ofendidos por todo tipo de razones. Tal vez su ministerio no fue recibido ni aceptado por aquellos a su alrededor. Tal vez estaban conectados a un entorno que nutría otros dones, pero no el profético, por lo que se sintieron ignorados, innecesarios o no apreciados. Sin importar la razón, cuando no se procesan las ofensas adecuadamente a través del amor y el perdón de Jesús, la amargura puede echar raíces y envenenar todo un ministerio. El escritor de Hebreos lo expresa de esta manera: "Asegúrense de que nadie deje de alcanzar la gracia de Dios; de que ninguna raíz amarga brote y cause dificultades y corrompa a muchos" (He. 12:15). Una raíz de amargura que crece en el corazón de una persona puede causar que "muchos" sean contaminados. En la práctica, la ofensa y la amargura pueden hacer que la gente profética se vuelva dura y empiece a enfocarse en lo negativo en lugar de en lo que Dios está haciendo.

2. La Envidia y los Celos

El pecado de los celos es tan poderoso que llevó a Caín a matar a Abel (Gn. 4:8) y a los hermanos de José a venderlo como esclavo (Gn. 37:28). He visto personas proféticas deseando tan desesperadamente el nivel de dones o plataforma que otros tienen que literalmente cambian quienes son. En lugar de ministrar con lo que Dios les ha dado y trabajar humildemente con otros, un profeta celoso puede ser tentado a chismear y conspirar contra aquellos en la Iglesia que poseen lo que él desea. En conclusión, cuando este pecado no se trata, el pecado se convierte en una distorsión de la voz de Dios y de la capacidad de discernimiento de esa persona profética, lo que trae consigo un fruto terrible de dolor para sí mismo y para otros.

3. El Amor al Dinero

El dinero en sí no es malo, pero el amor al dinero tiene el poder de corromper a cualquiera que permita que su corazón se desvíe. La Biblia en realidad llama este pecado "codicia". He visto a gente profética corromper sus dones por mentir sobre experiencias espirituales y momentos milagrosos para aumentar sus honorarios, invitaciones a hablar y ventas de mercancía. Ya no hablan la palabra pura del Señor porque han comprometido su ministerio para decir lo que la gente desea oír para conseguir dinero. Los profetas que buscan beneficios se abren a todo tipo de maldad. La advertencia de Pablo a Timoteo es tan cierta hoy como lo fue en ese entonces:

Los que quieren enriquecerse caen en la tentación y se vuelven esclavos de sus muchos deseos. Estos afanes insensatos y dañinos hunden a la gente en la ruina y en la destrucción. Porque el amor al dinero es la raíz de toda clase de males. Por codiciarlo, algunos se han desviado de la fe y se han causado muchísimos sinsabores (1 Ti. 6:9-10).

4. Inmoralidad Sexual

La inmoralidad sexual en la vida de una persona que no se arrepiente puede abrir una puerta al poder demoníaco. He visto personas emocionalmente vulnerables sentirse atraídos a alguien debido a la unción profética en la vida de esa persona. Combina eso con la falta de rendición de cuentas y el impulso sexual humano básico, y tenemos en nuestras manos un desastre en la iglesia que se ha repetido una y otra vez. Aquellos que ministran proféticamente DEBEN lidiar con su sexualidad ante el Señor, o corromperá su don y los llevará por un camino terrible.

5. Un Corazón Rebelde

Una de las señales más claras de que una persona profética toma el camino equivocado es un corazón rebelde, también conocido como falta de sumisión. He visto personalmente este problema más que cualquier otro. Una persona orgullosa que no puede o no quiere tomar un lugar humilde bajo cualquier otra persona desafortunadamente experimentará resistencia no solo de la Iglesia sino de DIOS MISMO (Stg. 4:6; 1 P. 5:5). Es fácil para los profetas y la gente profética caer en la trampa mental de pensar que saben algo que nadie más sabe o que escuchan a Dios de una manera que nadie más lo hace. Tal orgullo fomenta la rebelión, donde la sumisión parece más un compromiso que humildad, incitando al profeta orgulloso a etiquetar al líder, iglesia o movimiento como aquellos que no siguen la voz de Dios. La parte más triste de esto es que el profeta se endurece y se amarga sin ninguna razón y finalmente desperdicia el don que Dios le dio para que fuera usado para el beneficio de las mismas personas que el profeta acaba de etiquetar.

Estas son solo algunas de las formas en que he visto a profetas genuinos o personas proféticas desviarse del llamado de Dios en su vida. Puede ser que el profeta no se vuelve completamente falso en el sentido de que ya no sea un cristiano, pero su ministerio ciertamente manifiesta el mismo fruto que el de un falso profeta. El hecho de que esto ocurra o incluso sea posible, debe servirnos a todos, profeta o no, como una advertencia del Señor de que nuestros dones y ministerios son de Jesús y requieren un desarrollo de carácter correspondiente que también sea como Jesús.

Reconocer a los Falsos Profetas

Ahora que sabemos lo que los falsos profetas son y lo que no son, ¿cómo, específicamente, discernimos y tratamos con ellos entre nosotros? En la sección anterior di algunos puntos claros sobre cómo los profetas pueden volverse falsos, y esos mismos puntos nos ayudarán en nuestro proceso de discernimiento. En esta sección quiero exponer algunos puntos muy claros que nos ayudarán a discernir bien. Estos puntos no siempre serán el caso para cada falso profeta, pero ciertamente pueden serlo, y proveerán una guía útil para cualquiera que experimente esto personalmente.

1. Los falsos profetas niegan a Jesucristo como Señor

Cualquier persona que afirme ser profeta pero que niegue que Jesús es Señor, el Hijo de Dios, o parte de la Trinidad, es ciertamente un falso profeta. El apóstol Juan dejó claro que esta es la forma más importante de discernir lo verdadero de lo falso (1 Jn. 4:1-6).

2. Los falsos profetas distorsionan la Palabra de Dios

Satanás mintió a Adán y Eva sobre lo que Dios dijo (Gn. 3:1-7), y los falsos profetas hacen lo mismo. El apóstol Pablo le dijo a Timoteo que los últimos días estarían marcados por "espíritus engañosos y doctrinas de demonios" (1 Ti. 4:1). Los falsos profetas suelen ser portavoces e instigadores de enseñanzas heréticas en el cuerpo de Cristo. Las herejías más obvias niegan la verdad de Jesucristo o la Palabra de Dios mismo. Sin embargo, he visto falsos profetas promover enseñanzas heréticas que apelan a "los malos deseos del cuerpo, la codicia de los ojos y la arrogancia de la vida" (1 Jn. 2:16).

3. Los falsos profetas practican la adivinación

Un falso profeta pueda que no use la palabra adivinación, pero si alguna vez escuchas a alguien hacer referencia a las prácticas de ocultismo o de la nueva era, es una clara señal de que el ministerio de esa persona es falso. Solo Dios sabe el futuro; por lo tanto, solo Dios puede dar palabras proféticas a través de alguien con respecto a lo que está por venir. Recuerden, los falsos profetas operan por medio del poder demoníaco, y aunque los demonios no saben el futuro, sí tienen algunos conocimientos del pasado y a menudo inspirarán a la gente con información sobrenatural. Hay una diferencia enorme entre la información y la revelación. Los psíquicos, los pronosticadores, los médiums y los practicantes de la nueva era reciben información de espíritus demoníacos. Los profetas verdaderos del Señor operan por revelación dada a través del Espíritu Santo, y esto es clave para discernir cuando se trata de un falso profeta (Dt. 18:10; Hch. 13:6-10; 16:16-21).

4. Los falsos profetas llevan a la gente a seguir a otros dioses

Los falsos profetas llevan a la gente a dejar de seguir a Jesús para seguir a ellos mismos o algún otro dios (Dt. 13:1-5).

5. Los falsos profetas se autoproclaman

Los falsos profetas a menudo se refieren a sí mismos como profetas. Quieren que todos sepan el don que tienen antes que sepan quiénes son realmente. Los títulos como "profeta" son descripciones de funciones más que una placa para identificar los realmente espirituales de los menos espirituales. Cuando Jesús corrigió a la iglesia de Tiatira, dijo, "Sin embargo, tengo en tu contra que toleras a Jezabel, **esa mujer que dice ser profetisa**" (Ap. 2:20, énfasis añadido). Jesús quería que esta iglesia viera que habían tolerado falsos profetas en medio de ellos a quienes les gustaba proclamarse a sí mismos como profetas. Como he dicho antes, creo que Dios establece profetas en la iglesia, pero cuando una persona dice, "soy profeta", sin la afirmación de la comunidad, podría ser un signo de algo falso que aún no ha sido completamente revelado.

6. Los falsos profetas dicen lo que la gente QUIERE oír

Todos nosotros luchamos hasta cierto punto con el orgullo y el deseo de ser reconocidos, pero un falso profeta se alimenta de ello. Cuando Jesús habló con las multitudes en uno de sus sermones más importantes, confrontó la promoción de uno mismo y el miedo al hombre, ambos están incrustados al fundamento mismo de cómo funciona un falso profeta: "¡*Ay de ustedes* cuando todos los elogien! Dense cuenta de que los antepasados de esta gente trataron así a los **falsos profetas**" (Lc. 6:26, énfasis añadido). Un profeta verdadero debe resistir la presión de decir lo que la gente quiere oír para poder ser una voz confiable de lo que el Espíritu Santo dice.

7. Los falsos profetas tienen malos frutos en su vida

Una de las formas más claras de identificar a los falsos profetas es examinar la sustancia de su vida. ¿Tienen integridad? ¿Tienen una relación de calidad con Jesús? ¿Tratan a la gente con amor y respeto? ¿Se someten a la autoridad? ¿Honran la Palabra de Dios? ¿Los respeta su familia? ¿Está su casa en orden? ¿Sirven en su iglesia? ¿Ayudan a la gente? ¿Son generosos? ¿Son humildes? Básicamente, lo que digo es que un profeta de Jesús debería reflejar la vida y el ministerio de Jesús. Mientras que ningún profeta es perfecto, tampoco deben parecerse a lo opuesto de lo que representan, porque todos nosotros seremos conocidos por el fruto de nuestra vida.

> *Cuídense de los falsos profetas. Vienen a ustedes disfrazados de ovejas, pero por dentro son lobos feroces. Por sus frutos los conocerán. ¿Acaso se recogen uvas de los espinos, o higos de los cardos? Del mismo modo, todo árbol bueno da fruto bueno, pero el árbol malo da fruto malo* (Mt. 7: 15-17).

Esta lista no es de ninguna manera exhaustiva, y no todos estos puntos se aplicarán a cada falso profeta que encontremos. Sin embargo, es importante que nos demos cuenta de que para reconocer realmente a un falso profeta, tenemos que ir más allá de esta idea de que los falsos profetas son solo aquellos que dan profecías falsas. Aunque es esencial que tratemos con profetas y profecías falsos, debemos hacerlo con la convicción total de que *el poder y el potencial del verdadero ministerio profético vale la pena.*

Capítulo 7

Los Dones Proféticos

Espero que a esta altura puedas ver que el ministerio profético es más multifacético de lo que podrías haber considerado. Hasta ahora hemos visto la definición general de la profecía, los diversos tipos de profetas, y la proposición de que cada creyente lleno del Espíritu Santo puede profetizar. Sin embargo, quedan varios principios muy importantes que debemos discutir relacionados con estar completamente equipados para profetizar.

El apóstol Pablo escribió 13 cartas a varias iglesias que, bien sea, él las plantó o esperaba visitarlas en el futuro. En al menos tres de estas cartas, él discute el tema de los dones espirituales con gran detalle (Romanos, 1 Corintios, Efesios). En su primera carta a los Corintios, Pablo identifica nueve diferentes dones o manifestaciones del Espíritu Santo. De estos nueve, he identificado tres en particular que son similares a la profecía, y a menos que entendamos la diferencia, nosotros podríamos asumir que todos son lo mismo.

*Ahora bien, hay diversos dones, pero un mismo Espíritu. Hay diversas maneras de servir, pero un mismo Señor. Hay diversas funciones, pero es un mismo Dios el que hace todas las cosas en todos. A cada uno se le da una manifestación especial del Espíritu para el bien de los demás. A unos Dios les da por el Espíritu **palabra de sabiduría**; a otros, por el mismo Espíritu, **palabra de conocimiento**; a otros, fe por medio del mismo*

*Espíritu; a otros, y por ese mismo Espíritu, dones para sanar enfermos; a otros, poderes milagrosos; a otros, **profecía**; a otros, **el discernir espíritus**; a otros, el hablar en diversas lenguas; y a otros, el interpretar lenguas. Todo esto lo hace un mismo y único Espíritu, quien reparte a cada uno según él lo determina* (1 Co. 12:4-11, énfasis añadido).

Los cristianos de Corinto no eran ajenos a los dones espirituales. Pablo escribió estas palabras no para instruir a los ignorantes sino para corregir y recalibrar a los que ya estaban activos en este tipo de ministerio. Hay muchos puntos a considerar de este pasaje, pero hay cinco que son particularmente pertinentes para nuestra discusión sobre los dones proféticos:

- Hay muchos dones espirituales diferentes.
- Todos los dones provienen del Espíritu Santo.
- El mismo don puede verse *un poco* diferente en cada persona.
- Todos los dones, y toda su diversidad, *trabajan juntos* para el bien común.
- Algunos de los dones son de naturaleza *similar*, pero cada uno tiene un enfoque especial.

Si fuéramos a construir una casa, necesitaríamos todo tipo de herramientas y materiales. La relación adecuada entre las herramientas y los materiales sería esencial si fuéramos a realizar un proyecto de este tipo. ¿De qué sirve un martillo sin clavos ni madera? ¿Un destornillador sin tornillos? Es obvio que todas estas cosas funcionan juntas. Mientras que todos los dones espirituales trabajan juntos de alguna manera, hay algunos que trabajan juntos de una manera específica como las herramientas y los materiales. A medida que profundizamos en nuestro estudio del ministerio profético, yo creo que es útil definir y describir algunos de estos dones espirituales y cómo funcionan juntos debido a su relación con la profecía.

Palabra de Conocimiento – *Visión Retrospectiva Profética*

Una palabra de conocimiento es un mensaje específico con información objetiva sobre alguien o algo y que se da sobrenaturalmente a través del Espíritu Santo (1 Co. 12:8). Algunas traducciones en realidad dicen "mensaje de conocimiento", lo que continúa señalando que este don es una palabra específica dada, no solo una habilidad general para que alguien esté bien informado. Me refiero a la palabra de conocimiento como una "Visión Retrospectiva Profética" porque es una revelación sobre algo del pasado que no pudimos aprender a través de la educación, la conversación, o cualquier otro medio natural. Mientras que el apóstol Pablo no definió ni describió específicamente este don, sabemos por muchos otros pasajes cómo se ve cuando aparece (Jn. 1:47; Hch. 5:1-11; 9:10-15; 10:19-23).

Una palabra de conocimiento es un mensaje específico con información objetiva sobre alguien o algo y que se da sobrenaturalmente a través del Espíritu Santo (1 Co. 12:8).

Es común que la gente confunda una palabra de conocimiento con una profecía debido a sus similitudes; ambas se dan sobrenaturalmente y contienen información específica. La mayor diferencia entre la profecía y la palabra de conocimiento es que la profecía se refiere al presente-futuro mientras que *la palabra de conocimiento se refiere al presente-pasado.*

Jesús y sus discípulos acababan de salir de Judea y habían comenzado su camino hacia Galilea. Había tres rutas diferentes que podían tomar para llegar allí, una de esas rutas los llevaría directamente a través de la región de Samaria. También era la ruta más corta y directa. Los judíos y los samaritanos llevaban una larga y profundamente arraigada hostilidad entre sí; los judíos fieles nunca viajaban por Samaria (si les era posible) por esta misma razón. Jesús, sin embargo, no tenía problemas en romper la barrera cultural porque el amor impulsaba todo lo que hacía.

Mientras viajaban a través de Samaria, Jesús y sus discípulos se detuvieron para descansar en un pozo histórico. Los discípulos fueron al pueblo cercano para comprar comida mientras Jesús permanecía en el pozo, esperando que ellos regresaran. En ese momento, una mujer samaritana vino a sacar agua del pozo, y Jesús entabló una conversación con ella. Este encuentro llevó en última instancia a que Jesús revelara que Él era el Mesías, lo cual insinuó por primera vez al referirse a sí mismo como el "agua de vida" por la cual la gente nunca más tendría sed. Esto fue lo que pasó después:

"Señor, dame de esa agua para que no vuelva a tener sed ni siga viniendo aquí a sacarla." "Ve a llamar a tu esposo, y vuelve acá" le dijo Jesús. "No tengo esposo" respondió la mujer. "Bien has dicho que no tienes esposo. Es cierto que has tenido cinco, y el que ahora tienes no es tu esposo. En esto has dicho la verdad." "Señor, me doy cuenta de que tú eres profeta" (Jn. 4:15-19).

Esta es una hermosa historia de Jesús revelando quién es Él a alguien que necesitaba ser sanado del pasado y tener esperanza para el futuro. En medio de este encuentro somos testigos del don espiritual de palabra de conocimiento funcionando de una manera poderosa. Jesús le dijo a la mujer información objetiva sobre su vida que el Espíritu Santo le reveló. El conocimiento de Jesús de tal información personal sobre ella convenció a la mujer de que Él era profeta. En su mundo, solo los profetas podían recibir tal revelación porque solo los profetas tenían ese tipo de unción. En nuestro mundo, ¡cualquiera que esté lleno del Espíritu puede recibir palabras de conocimiento como esta, que traen la realidad de Dios frente a nosotros y puede cambiar las conversaciones inmediatamente!

Un día, estaba solo en casa cuando alguien tocó el timbre. Yo abrí la puerta y encontré a dos chicos en la entrada que estaban vendiendo revistas. Los recibí en mi casa y compré algunas revistas, lo que me dio la oportunidad de compartir el testimonio de mi encuentro con Jesús. Ninguno de ellos era cristiano, pero ambos estaban interesados en la naturaleza sobrenatural de mi historia. Comencé a compartir con ellos sobre cómo podemos conocer a Dios y escuchar Su voz personalmente. De repente, uno de ellos se puso de pie y dijo: "¡Ay! Estamos tarde; ¡perdimos el aventón!" Entonces les ofrecí llevarlos para que pudiéramos continuar nuestra conversación, y estuvieron de acuerdo. Cuando subimos a mi carro, el hombre en el asiento del pasajero preguntó: "Entonces, ¿cómo funciona el escuchar la voz de Dios?" Sin siquiera pensarlo, literalmente dije, "Bueno, por ejemplo, cuando tenías 13 años, dejaste un hogar amoroso, te enganchaste en una pandilla, y comenzaste a rodar por las calles. Fuiste de casa en casa, y las cosas empeoraron hasta que finalmente llegaste al punto de desear nunca haber salido de casa. Dios se estaba acercando a ti a través de todo esto para traerte de regreso a casa. Y lo sabes porque tu madre es cristiana, y se acercó a ti muchas veces. ¿Eso es correcto?"

Es difícil describir lo que pasó después, pero empezó cuando el hombre me dijo: "¡Quién rayos eres!" Nos detuvimos en la estación de servicio donde una camioneta los estaba esperando, y el hombre abrió la puerta del carro antes de que pudiera detenerme por completo y literalmente corrió hacia la camioneta como si estuviera asustado. Su amigo, que estaba sentado en el asiento trasero, abrió su puerta, pero antes de salir, me dio la mano y me dijo con lágrimas en sus ojos, "¡Gracias por todo! No estoy seguro de lo que acaba de pasar, pero nunca lo olvidaremos".

Me encantaría decirte que oré con esos chicos para que recibieran a Jesús justo en ese momento, pero, por desgracia, eso no ocurrió. ¡Sin embargo, la palabra de conocimiento que compartí obligó a un hombre a lidiar con el hecho de que Dios es real! Dios lo sabe todo sobre todo el mundo, y a veces comparte una parte de la información con nosotros sobre una persona con el fin de decirle: "¡Te conozco!" También he descubierto que este don prepara el escenario para una palabra profética mayor al afirmar la naturaleza sobrenatural del momento. Lo que principalmente me encanta de la palabra de conocimiento es cómo revela la realidad de Dios en un mundo que intenta actuar como si Él no existiera.

Palabra de Sabiduría – *Percepción Profética*

Una palabra de sabiduría es un mensaje específico que proporciona una estrategia sabia o aplicación práctica para una circunstancia actual (1 Co. 12:8). La palabra de sabiduría no es una impartición general del Espíritu Santo para hacer que una persona sea más sabia que otros, ni es la sabiduría convencional en sí misma. Me refiero a este don como "Percepción Profética" porque se recibe como una revelación profética, pero está enfocado en la situación presente con un claro paso de acción.

Imagínate que eres comandante de un ejército. Los exploradores acaban de regresar al campamento con el informe de que el ejercito enemigo se ha propuesto atacar la ciudad y estará allí en solo dos días. Este informe te ha proporcionado el conocimiento de lo que está sucediendo, junto con la guerra proyectada que se avecina. El conocimiento es útil.

Una palabra de sabiduría es un mensaje específico que proporciona una estrategia sabia o aplicación práctica para una circunstancia actual (1 Co. 12:8).

Pero ahora ¡necesitas un plan! Inmediatamente te pones en contacto con tus asesores de confianza para pensar en tus próximos pasos. Un oficial de alto rango habla y establece una estrategia sabia que tiene todas las señales de la sabiduría y victoria, así que tomas la decisión de seguir adelante con su plan. Esta ilustración arroja luz sobre la diferencia entre el conocimiento y la sabiduría y cómo puede verse cuando recibes una palabra de sabiduría del Espíritu Santo.

Proverbios 25:11 da una gran descripción de la naturaleza misma de este don: "*Como* naranjas de oro con incrustaciones de plata son las palabras dichas a tiempo". En los días del Rey Salomón, la plata era bastante común mientras que el oro era muy valioso. Esencialmente, este proverbio dice que "la palabra correcta dicha a tiempo" es una cosa preciosa en medio de circunstancias comunes. Así es exactamente como la palabra de sabiduría funciona en nuestra vida; viene como "la palabra correcta dicha a tiempo".

Después del día de Pentecostés, la Iglesia comenzó a crecer, y, como siempre, con más gente vienen más problemas. Los judíos que hablaban griego que vinieron de otras naciones se quejaron de los judíos nativos porque sus viudas estaban siendo pasadas por alto durante la distribución diaria de alimentos. Los apóstoles de Jesús fueron informados de las quejas, pero, como llevaban una carga tan grande con el ministerio, era evidente que tenían que hacer algo nuevo. A través de esto, vemos la palabra de sabiduría liberada y efectiva en el cuerpo de Cristo.

Hermanos, escojan de entre ustedes a siete hombres de buena reputación, llenos del Espíritu y de sabiduría, para encargarles esta responsabilidad. Así nosotros nos dedicaremos de lleno a la oración y al ministerio de la palabra". Esta propuesta agradó a toda la asamblea. Escogieron a Esteban, hombre lleno de fe y del Espíritu Santo, y a Felipe, a Prócoro, a Nicanor, a Timón, a Parmenas y a Nicolás, un prosélito de Antioquía. Los presentaron a los apóstoles, quienes oraron y les impusieron las manos (Hch. 6:3-6).

Los discípulos designaron a siete hombres llenos del Espíritu y sabiduría para supervisar la tarea. El fruto de esta estrategia trajo consigo una satisfacción total para ambas partes, resultando en la preservación de la unidad. Parece simple, pero a menudo es así como se siente cuando "la palabra correcta es dicha a tiempo".

Cuando me casé con mi esposa, me convertí en padrastro de sus dos hijos que, realmente, nunca habían conocido a sus padres biológicos. Asumí plenamente esta responsabilidad y busqué criarlos como hombres de Dios lo mejor posible. Mi esposa y yo nos comprometimos en nuestra casa a nunca hablar palabras negativas sobre sus padres, así que podríamos llevar a nuestros hijos a través de un proceso de perdón. Nunca olvidaré el día que uno de sus padres nos contactó para comenzar de nuevo una relación con su hijo. Habían pasado siete años desde que se habían visto por última vez, así que mi respuesta automática y sin haber orado de antemano fue ¡NO! Durante ese proceso, el Señor confrontó mis temores y me dio una palabra de sabiduría con respecto a nuestra situación. Me mostró que yo me estaba alejando de algo en lugar de dirigirme hacia ello, y la palabra que me dio fue: "Tienes que invitar a su padre a entrar". Eso fue todo lo que escuché. A medida que cedí a la palabra, comenzó a desarrollarse de manera muy práctica, donde invité a este hombre a tener una relación con su hijo y nuestra familia. He aprendido que una palabra de sabiduría puede atravesar los problemas y todos los asuntos complicados con el fin de traer la solución correcta. Para nosotros, esta palabra de sabiduría parecía tan simple, pero se convirtió en el catalizador para la reconciliación en nuestro hogar.

El Espíritu Santo siempre sabe qué hacer en medio de las situaciones que enfrentamos. Recibir una palabra de sabiduría comienza con el reconocimiento de que el Espíritu Santo puede ayudar. De hecho, el libro de Santiago nos dice que cuando nos falte sabiduría, lo que tenemos que hacer es pedirla a Dios, que da generosamente (Stg. 1:5). Al igual que la palabra de conocimiento, la palabra de sabiduría tiene características tan similares a las de la profecía que a menudo se puede confundir como la misma cosa. Sin embargo, a medida que seguimos aprendiendo las diferencias, creo que estaremos más equipados para asociarnos con el Espíritu Santo y así traer palabras oportunas que liberen perspicacia y estrategia.

El Don de Profecía – *Predicción Profética*

En el capítulo 2, determinamos la definición de profecía como "un mensaje inspirado por Dios comunicado a través de una persona". Entonces, ¿qué es el don de profecía? Puede que estés diciendo, "Ben, pensé que habías dicho que todo el mundo puede profetizar, así que ¿por qué ahora dices que solo algunos tienen el don de profecía?" Hay una diferencia, y quiero que esto quede muy claro, así que vamos a desglosarlo.

- El llamado de profeta
Como lo hemos discutido, Dios llama a algunas personas del cuerpo de Cristo a ser profetas (Ef. 4:11-16). Todos los profetas tienen el don de profecía, ya que es una función principal de su ministerio.

- El don de profecía
Las Escrituras indican que algunos de nosotros tenemos el don de profecía como una función más residente (Ro. 12:6). Los que tienen este don no son necesariamente profetas como lo describí anteriormente, pero sí reciben y comparten palabras proféticas con más frecuencia que otros.

- La unción para profetizar
Todo creyente tiene la unción para profetizar debido al derramamiento del Espíritu Santo (Hch. 2). Sin embargo, esto no significa que todo el mundo tenga el don de profecía o el llamado de profeta.

Cuando el apóstol Pablo escribió a la iglesia en Roma, buscó animar a los creyentes hacia la unidad en medio de la diversidad. Uno de los puntos de diversidad llevaba la simple verdad de que cada miembro del cuerpo de Cristo tiene un don diferente de Dios:

Pues, así como cada uno de nosotros tiene un solo cuerpo con muchos miembros, ***y no todos estos miembros desempeñan la misma función****, también nosotros, siendo muchos, formamos un solo cuerpo en Cristo, y cada miembro está unido a todos los demás.* ***Tenemos dones diferentes****, según la gracia que se nos ha dado.* ***Si el don de alguien es el de profecía, que lo use en proporción con su fe****; si es el de prestar un servicio, que lo* *preste; si es el de enseñar, que enseñe; si es el de animar a otros, que los anime; si es el de socorrer a los necesitados, que dé con generosidad; si es el de dirigir, que dirija con esmero; si es el de mostrar compasión, que lo haga con alegría* (Ro. 12:4-8, énfasis añadido).

Como puedes ver, Pablo establece claramente que no todos los miembros del cuerpo tienen la misma función porque cada uno tiene un don que difiere del otro. De este pasaje podemos identificar que hay un don de profecía, pero al mismo tiempo sabemos que todos pueden profetizar. Entonces, ¿cuál es la diferencia, y cómo sabemos si tenemos el don?

Sé que es una ilustración tonta, pero por favor ten paciencia conmigo. Piensa en el grifo del fregadero de tu cocina. Para que el agua fluya a través de él, tienes que girar la manija, lo cual abre la válvula. De la misma manera, cada creyente lleno del Espíritu puede "abrir" la habilidad profética en su vida al pedirle a Dios una palabra. Todos tenemos *la capacidad* de fluir. Sin embargo, la diferencia con aquellos que tienen el don de la profecía es que tienen el flujo sin tener que "girar" la manija porque las palabras proféticas les llegan sin pedirlas. En otras palabras, si constantemente te encuentras escuchando de Dios para otras personas sin tener que pedirle a Dios esas palabras, probablemente tienes el don de profecía.

El don de profecía es una "Predicción Profética" porque se centra principalmente en el presente-futuro. Mientras que esto puede parecer similar a veces a la palabra de conocimiento y a la palabra de sabiduría, sabemos que la distinción principal es el elemento futuro. Cuando profetizamos a alguien, estamos hablando de las prioridades actuales de Dios o declarando la voluntad deseada y determinada de Dios en relación con las cosas del futuro. En los próximos capítulos nos sumergiremos en cómo recibir y compartir palabras proféticas, pero por ahora quiero ser claro sobre lo que es el don de la profecía a la luz de la verdad de que todos pueden profetizar.

Discernimiento de Espíritus – *Supervisión Profética*

El don de discernimiento de espíritus es la capacidad de reconocer la fuente espiritual que motiva a una persona, un sistema o una situación (1 Co. 12:10). Esencialmente, este don nos da la capacidad de percibir lo que está sucediendo en el ámbito espiritual. ¿Te suena loco? Bueno, a veces es así. Me refiero a esto como "Supervisión Profética" porque, a diferencia de los otros dones que hemos discutido, realmente se trata de la imagen macro en lugar de los detalles.

El don de discernimiento de espíritus no es la habilidad de discernimiento general, ni es la razón por la que los cristianos criticones critican a todo el mundo (ya sabes a lo que me refiero). Todos los cristianos deben crecer en el discernimiento a través del estudio de la Biblia y su relación cultivada cuidadosamente con el Señor. Sin embargo, este don está destinado a brindar una percepción general de si el discurso o las acciones de una persona o una situación específica son animados por el Espíritu Santo, un espíritu demoníaco, o el alma de una persona.

Durante los años que pasé ministrando en varias prisiones en todo el estado de Washington, trabajé con un equipo de personas de muchas iglesias diferentes, y era común que conociéramos nuevos miembros del equipo el mismo día que íbamos a las prisiones para ministrar. En uno de nuestros viajes nos encontramos con dos hombres nuevos que, en todos los sentidos, parecía que encajaban bien en nuestro equipo. Eran conocedores, respetuosos, serviciales y se llevaban muy bien con todos. Todo en el exterior se veía muy bien, pero por alguna razón tenía una sensación fuerte de que algo estaba "fuera de lugar" con ellos. Después de los servicios, todo nuestro equipo se dirigió a un restaurante local para almorzar. Mientras comíamos, escuchaba muy atentamente todo de lo que estos dos nuevos hombres decían. No tenía pruebas para pensar de esta manera, pero de algún modo pude discernir que no creían que Jesús era Dios. Ellos nunca negaron la naturaleza trinitaria de Dios, e incluso firmaron una declaración doctrinal que afirma el cristianismo ortodoxo, que incluye la Trinidad. Estaba seriamente en un dilema. Cuando salimos de la prisión, le dije al líder del grupo lo que yo sentía, y básicamente me dijo, "¡De ninguna manera!" Aunque no parecía creerme, le pedí que tuviera una conversación con estos hombres antes de que ministráramos juntos de nuevo. Me dijo que lo haría. Unas semanas después, el líder del ministerio me llamó y me dijo, "Bueno, no sé cómo lo supiste, pero tenías razón; no creen que Jesús es Dios".

El don de discernimiento de espíritus es una herramienta muy poderosa y necesaria en el cuerpo de Cristo. Aquí hay algunas formas en que este don puede ayudarnos:

- Identificar la presencia de espíritus demoníacos (Hch. 16:16-18).

- Identificar las motivaciones no saludables de una persona (Hch. 8:18-24).

- Identificar la presencia o la actividad del Espíritu Santo (Lc. 5:17).

- Evitar enseñanzas engañosas o profecías falsas.

- Abrazar las verdaderas palabras proféticas del Señor.

He descubierto que es fácil malinterpretar el discernimiento de espíritus. Solo porque sintamos que algo está mal no significa que seamos libres para maltratar a la gente. Demonizar a alguien muestra nuestra inmadurez, por lo que es imperativo que busquemos verdaderamente a Dios por sabiduría en cuanto a qué hacer con lo que percibimos. Cuando el Espíritu Santo nos muestra lo que está mal con los demás, eso también puede ser una invitación para que seamos un ministro de Jesús para ayudar a arreglar las cosas malas.

Cómo Trabajan Juntos los Dones Proféticos

Nuestro objetivo al examinar los dones proféticos es ayudarnos a comprender y emplear la plenitud de lo que el Espíritu Santo ha puesto a nuestra disposición. Todos estos dones se superponen hasta cierto punto porque todos son de naturaleza reveladora. Sin embargo, cada uno de ellos lleva algo único y la mayoría de las veces trabajan juntos e incluso se complementan entre sí mientras buscamos el beneficio de los demás.

Por ejemplo, digamos que estoy orando por alguien y recibo una palabra de conocimiento acerca de que esa persona fue traicionada por un ser querido dos años antes y todavía tiene grandes dificultades para confiar en la gente. Yo entonces comparto esta palabra de conocimiento con la persona y le pregunto si es verdad. Si esta persona dice, "Sí, eso es exactamente con lo que estoy luchando" queda muy claro que el Espíritu Santo me dio una revelación poderosa, pero ¿y ahora qué? La palabra de conocimiento hizo un trabajo maravilloso abriendo la puerta para el siguiente paso para la ministración. En este punto le pediré al Espíritu Santo, "¿Qué quieres hacer?" Puede ser que reciba una palabra de sabiduría que destaque un paso de acción que esta persona debe tomar para ir más allá del obstáculo. Diría entonces, "El Señor te está impulsando a perdonar a la persona que te ha traicionado y a pedirle al Espíritu Santo que te sane y te ayude a confiar de nuevo". En ese momento oraría por la persona y luego la invitaría a orar basada en la palabra de sabiduría que le compartí. Mientras todo esto está sucediendo, estoy pidiendo al Espíritu Santo una palabra profética, y entonces Él me la da. "Creo que el Señor me ha mostrado que no solo va a sanarte, sino que usará tu vida para traer sanidad relacional y reconciliación a otros, ¡empezando con tu propia familia!"

En muchos casos, así es exactamente como se vería ministrar proféticamente a alguien. ¿Puedes ver cómo los tres dones diferentes trabajaron juntos? La palabra de conocimiento me mostró *el pasado*, la palabra de sabiduría delineó un paso de acción para *el presente*, y la palabra profética declaró lo que Dios haría en *el futuro*. Al ministrar a la gente, literalmente pienso en esto como un proceso progresivo para identificar lo que el Espíritu Santo está haciendo. Si bien la profecía a menudo da el presente-futuro, ahora sabemos que un ministerio profético más completo está disponible a través de los dones proféticos cuando oramos por las personas. ¡Te animo a pedirle a Dios que te muestre *el pasado, el presente* y *el futuro* de aquellos a los que ministras y entonces está atento a lo que Dios hará!

Capítulo 8

El Propósito de la Profecía

He estado impartiendo clases y seminarios sobre el ministerio profético por un buen tiempo. Por lo general, después de cada sesión, trato de reservar un poco de tiempo para preguntas y respuestas. Esto me ayuda a comprender lo que las personas están aprendiendo, y también qué cosas necesito refinar. Durante uno de nuestros tiempos de preguntas y respuestas, una persona hizo una pregunta extremadamente simple y sin pretensiones que me hizo hacer una pausa por un momento: "¿Cuál es el propósito de la profecía? Quiero decir, ¿de qué se trata realmente?" En ese momento, por alguna razón, no tenía una muy buena respuesta.

Cuando haces algo por mucho tiempo tiendes a aceptar o asumir cosas que otros no pueden entender completamente, así que siempre es bueno volver a la simplicidad. Cuanto más pensaba en la pregunta que hizo la persona sobre el propósito de la profecía, más me daba cuenta de que no se puede resumir en una sola declaración. De hecho, la mejor manera para responder a esta pregunta puede ser decir que *la profecía es multi-propósito*.

Las palabras proféticas son como semillas, que, cuando se plantan por primera vez, todas parecen prácticamente lo mismo. Pero a medida que crecen, cada una se convierte en el tipo de planta que realmente es. De la misma manera, todas las palabras proféticas suenan similares cuando se pronuncian por primera vez, pero, como una semilla, se plantan en el corazón de alguien y tienen el potencial de producir un tipo de fruto específico. Una palabra profética podría traer aliento mientras que otra podría traer una nueva sensación de libertad. Aunque las palabras proféticas son muy multifacéticas, es importante saber que TODAS las palabras proféticas llevan un denominador común: *El propósito más común de la profecía es revelar algo sobre Dios o entregar algo de parte de Dios.*

El propósito más común de la profecía es revelar algo sobre Dios o entregar algo de parte de Dios.

Me encantan las palabras proféticas por lo que he visto que producen en tantas personas diferentes. Recuerda, las palabras proféticas no son los halagos del hombre o los deseos de los simpatizantes. Las palabras proféticas son paquetes del almacén del cielo entregados por carteros llenos del Espíritu Santo. Cada paquete contiene algo diferente porque cada persona tiene una necesidad diferente y, generalmente, quien recibe la palabra es el único que realmente conoce el propósito para el que fue dada.

Cuando el apóstol Pablo dio instrucciones a la iglesia de Corinto sobre la profecía, comenzó su conversación diciendo, "Empéñense en seguir el amor y ambicionen los dones espirituales, sobre todo el de profecía" (1 Co. 14:1). Dos puntos muy claros de este pasaje establecen el tono y la trayectoria de todo ministerio profético. Primero, el amor DEBE ser la motivación para buscar y compartir palabras proféticas con la gente. Segundo, estamos llamados a "ambicionar" todos los dones espirituales, pero *especialmente el de profecía*. ¿Significa esto que la profecía es el mayor don espiritual? No necesariamente. Sin embargo, creo que el apóstol Pablo dijo esto debido al beneficio único que la profecía brinda a las personas cuando es sana y madura (1 Co. 14:3). ¿Ambicionas profetizar? ¿Cuál es la diferencia entre aquellos que ambicionan profetizar y los que no lo ambicionan? Uno de los principales factores que cambiará nuestro deseo de profetizar a gran velocidad es un conocimiento experiencial de lo que la profecía realmente hace en la vida de la gente.

Hace unos años, estaba viendo televisión cuando hubo un anuncio de un restaurante muy conocido. Como muchos comerciales de restaurantes, este estaba anunciando una oferta especial en uno de sus platos estrella. Mientras veía esto tuve un pensamiento extraño: "Me pregunto cuánto dinero gastaron en este comercial". Por alguna razón, me sentí obligado a averiguarlo, y después de unas horas de investigación llegué a la conclusión de que esta empresa podría haber gastado un millón de dólares por un anuncio de 30 segundos que duró por un mes. Así es, un millón de dólares. Este número fue asombroso para mí porque no podía imaginar cómo iban a obtener un retorno de su inversión. Soy muy consciente de que la gente que se anuncia así sabe lo que hace, y nadie desperdiciaría esta cantidad de dinero. Entonces, ¿qué saben ellos que yo no sé? Bueno, definitivamente creen que si te MUESTRAN una cena con un filete de calidad repetidamente, eventualmente podría hacerte ir a su restaurante. Crear hambre por algo nuevo se logra mostrando a la gente lo que se están perdiendo. Si no lo ves, entonces no lo querrás, pero si lo ves y estás de acuerdo en que es bueno, entonces creará un deseo que en última instancia te conducirá a la acción.

Esta ilustración muestra una idea de cómo la gente ambiciona lo profético con entusiasmo. Tienes que verlo y experimentarlo para poder desearlo. Leer el pasaje bíblico que te llama a ambicionar la profecía solo te dirá que es importante. Sin embargo, ser testigo del poder de lo profético, te ayudará a entender su propósito y valor hasta el punto de que lo ambicionarás mucho en tu propia vida. ¿Qué pasaría si "ambicionar" la profecía es una forma de amar a las personas debido al fruto potencial que se produce cuando se comparte el don? En lo que resta del capítulo quiero discutir las diversas cosas que suceden cuando la gente profetiza, que hablan de su propósito más allá de una mera definición.

La Profecía Trae Edificación

*En cambio, el que profetiza habla a los demás para **edificarlos**, animarlos y consolarlos.* (1 Co. 14:3, énfasis añadido).

¿Alguna vez has sido edificado o animado por una palabra profética que recibiste? Claro que yo sí. El hecho es que las palabras tienen poder. ¿Cuánto más poderosas son las palabras de Dios? Si construyes algo y quieres hacerlo más fuerte, generalmente tienes que ampliar la estructura añadiendo más material, lo que lo hace más estable y seguro. Las palabras proféticas *añaden algo* a la gente que las inspira a fortalecerse "con el gran poder del Señor" (Ef. 6:10).

> **Las palabras proféticas añaden algo a la gente que las inspira a fortalecerse "con el gran poder del Señor" (Ef. 6:10).**

Recientemente, estaba conduciendo a casa después de salir de una conferencia y de una larga noche de ministración. Tenía hambre, así que me detuve en el restaurante de comida rápida más cercano para comer algo. Mientras ordenaba mi comida, el Espíritu Santo me impulsó a empezar a orar por el hombre que me tomó el pedido, así que le pedí a Dios una palabra profética. Me detuve y le dije al hombre, "¡Hola! No me conoces, pero a veces cuando oro por las personas, Dios me da una palabra acerca de su vida. Esto puede sonar extraño, pero creo que Dios me mostró que recientemente dejaste el programa de consejería universitaria porque no tenías las finanzas para continuar. ¿Eso es cierto?" El hombre me dijo, "¡Cómo supiste!" Durante los siguientes cinco minutos compartí mi testimonio sobre mi encuentro con Jesús, ¡y no entró nadie detrás de mí en todo ese tiempo! Antes de irme, oré para que este hombre conociera a Jesús y profeticé sobre él que Dios proveería las finanzas para que él terminara la universidad. Mientras me alejaba, podía ver literalmente la fortaleza de Dios en su cara para levantarse de un lugar donde se sentía derrotado.

La Profecía Trae Ánimo

*En cambio, el que profetiza habla a los demás para edificarlos, **animarlos** y consolarlos* (1 Co. 14:3, énfasis añadido).

La palabra griega para "animar" en este versículo significa inspirar, estimular, amonestar y a veces incluso se traduce como "exhortar". Dios quiere animar a Sus hijos, y una de las formas en que Él lo hace es dándonos palabras proféticas de los unos para los otros. La mayoría de la gente vive con un déficit de ánimo; todos necesitamos saber que podemos hacerlo, que podemos lograrlo, y que Dios está con nosotros. En nuestra iglesia, reservamos un tiempo al final de la adoración para que yo o uno de los miembros de nuestro equipo profético comparta una palabra profética congregacional. Durante un servicio reciente, el Señor me mostró una visión que dio aliento a muchos de nuestra congregación. Esta es la palabra que compartí:

> En una visión, vi a alguien subiendo una gran colina. Específicamente presté atención a la etapa final de su viaje donde llegó hasta la cima. Me di cuenta de que el viaje requería bastante concentración, energía, y tiempo para llegar hasta allí. Cuando la persona llegó a la cima, no encontró nada más que un campo estéril. Su semblante decayó, y la emoción de llegar a ese lugar se convirtió en una frustración deprimente casi de inmediato.
>
> Mientras observaba esta escena, una palabra específica vino a mi mente. La palabra era "desilusionado". La palabra desilusionado significa "perder la fe o confianza en algo o alguien: estar decepcionado de que algo no sea tan bueno, valioso o verdadero como parecía o se creía".[16] Me di cuenta que la visión era una imagen de alguien que dedicó mucho tiempo y esfuerzo a algo con la gran expectativa de que el resultado sería lo contrario de lo que realmente fue. Esta imagen puede estar relacionada con un trabajo, una relación, un hábito, o incluso un ministerio. El resultado opuesto causó una poderosa sensación de desilusión que comenzó a alojarse en su alma, causando desánimo y depresión.

Esta visión me recordó Juan 6 donde Jesús había realizado milagros poderosos en el pasado como caminar sobre el agua y la multiplicación de alimentos (Jn. 6:1-25). Después de ver los milagros, las multitudes siguieron a Jesús con gran expectativa de lo que podría suceder a continuación o lo que podrían recibir al seguirlo. Fue en este punto que Jesús le llamó la atención a las multitudes por buscarlo debido a la provisión milagrosa. Les dijo que Él era el pan de vida, lo que llevó a su declaración famosa: "El que come mi carne y bebe mi sangre permanece en mí, y yo en él" (Jn. 6: 56). Después, MUCHOS de la multitud se alejaron porque no consiguieron lo que esperaban. En esencia, estaban "desilusionados". Sin embargo, Jesús dijo la verdad al declarar que Él era todo lo que necesitaban y que no debían permitir que su esperanza y expectativa estuvieran puestas en ALGO en lugar de ALGUIEN.

En este punto, Jesús se dio la vuelta, miró a sus discípulos y dijo, "'¿También ustedes quieren marcharse?' Simón Pedro respondió, 'Señor, ¿a quién iremos? Tú tienes palabras de vida eterna'" (Jn. 6:67-68). Pedro y los discípulos también pudieron haber sentido desánimo, pero de alguna manera sabían lo que los otros no sabían: Jesús era la fuente. No se trataba de la comida, los milagros o el zumbido de la multitud—se trataba de Jesús. Siempre se trata de Jesús.

Aquí está la palabra profética: Podemos decepcionarnos y desilusionarnos en la vida. Las cosas no siempre funcionan o salen como queremos. Esto no es necesariamente nuestra culpa. Sin embargo, el Señor nos recordará que Él es todo lo que realmente necesitamos. No te rindas—MIRA HACIA ARRIBA. No cedas—PERSEVERA. No te alejes—COMIENZA A ORAR. Jesús es la fuente de la vida y la meta de la vida. Cuando lo tenemos a Él, siempre podemos levantarnos y dar un paso adelante. Sean animados, amigos míos. ¡Dios los sostiene!

Muchas de las palabras que traen ánimo parecen generales al principio, pero terminan apuntando a zonas de nuestros corazones e inspirándonos a lugares más importantes. Todos tratamos de mantenernos unidos en el exterior a medida que avanzamos en la vida, pero muchos de nosotros llevamos un desánimo muy arraigado. He visto cómo las palabras proféticas lavan años de desánimo y liberan un nuevo el entusiasmo que solo podía venir del Espíritu Santo. ¡Que el Espíritu Santo derrame un ánimo profético sobre nosotros y a través de nosotros, para avanzar el nombre de Jesús!

> **He visto cómo las palabras proféticas lavan años de desánimo y liberan un nuevo el entusiasmo que solo podía venir del Espíritu Santo.**

La Profecía Trae Consuelo

> *En cambio, el que profetiza habla a los demás para edificarlos, animarlos y* ***consolarlos*** *(1 Co. 14:3, énfasis añadido).*

Puede que nunca sepamos lo que la gente a nuestro alrededor está pasando, pero hay momentos en los que una palabra profética traerá consuelo más allá de cualquier cosa que podamos decir o hacer. Este tipo de palabra profética trae paz por encima de la comprensión, la esperanza en una situación aparentemente desesperada y la fe cuando nuestros corazones están llenos de miedo.

Una mañana, me preparaba para predicar durante un servicio de la iglesia. Antes de predicar suelo orar durante una hora, para poder escuchar la voz del Espíritu e interceder por la gente. Esa mañana el Espíritu Santo me mostró una visión de una mujer que lloraba por su hijo, que estaba en un lugar muy difícil. Le pregunté al Señor sobre esto y casi inmediatamente recibí una palabra en mi corazón diciendo: "El nombre de su hijo es Thomas". Empecé a orar por esta mujer y su hijo como si fuera a encontrarme con ellos esa mañana. Más tarde, me levanté para compartir mi mensaje, pero antes de hacerlo, compartí esta palabra: "Durante mi tiempo de oración de esta mañana creo que el Señor me mostró una mujer que estaría aquí que tiene un hijo llamado Thomas. Creo que debo decirte que

Dios está trabajando en su vida, y que va a estar bien". Después del servicio, un grupo de personas me agradecieron por el sermón, pero justo cuando estaba a punto de irme, una mujer se me acercó, claramente se notaba que había estado llorando. Le pregunté cómo estaba, y ella dijo, "Cuando compartiste esa palabra esta mañana, ¿dijiste que su nombre era Thomas?" Asentí con la cabeza y dije: "¿Puedo mostrarte algo?" Abrí mi diario y le mostré lo que había escrito durante mi tiempo de oración esa mañana sobre su hijo. Las lágrimas comenzaron a caer por su cara mientras yo pasaba los siguientes minutos orando con ella por su hijo Thomas. Fue un momento increíble de Dios.

Conozco a muchas personas que andan agobiadas por la vida, ahogándose en las dificultades y apenas aguantando. En lugar de tratar de ser el consejero de todos o de recitar las ocurrencias cristianas típicas, le pido a Dios una palabra que pueda proporcionar un alivio cuando literalmente no sé qué decir. La verdad es que Dios sabe qué decir, y Sus palabras tienen el poder de ir directamente al alma. Me imagino estas palabras como chalecos salvavidas que son echados al agua de nuestras vidas mientras luchamos por permanecer a flote. Estas palabras nos ayudan a estabilizarnos, para que podamos aferrarnos a las promesas de las Escrituras y el carácter de Dios, que sabemos que es cierto en todo y a través de todo.

La Profecía Trae Confirmación

Ya que todos podemos oír la voz de Dios personalmente (Jn. 10:27), una de las mayores bendiciones que trae la profecía es la confirmación de lo que ya estamos escuchando de Dios. Nosotros a menudo podemos estar dudosos acerca de lo que estamos escuchando de Dios

Ya que todos podemos oír la voz de Dios personalmente (Jn. 10:27), una de las mayores bendiciones que trae la profecía es la confirmación de lo que ya estamos escuchando de Dios.

con respecto a la familia, la carrera, el ministerio, u otras decisiones de la vida. En esos momentos es extremadamente útil y clarificador cuando alguien te da una palabra que coincide con lo que has estado orando. He presenciado y experimentado personalmente la confirmación profética en muchas ocasiones.

Cuando el apóstol Pablo se convirtió a Cristo, se le dijo claramente que sería usado por Dios para abrir los ojos de los gentiles a la persona y el propósito de Jesucristo (Hch. 9:10-19; 26:14-18). Antes de su primer viaje misionero, pasó varios años en una ciudad llamada Antioquía, junto con su amigo Bernabé. Durante un tiempo de oración y ayuno, uno de los profetas locales les dio una palabra a Pablo y Bernabé que se convirtió en la confirmación final para que Pablo se lanzara en su llamado. Pablo ya había escuchado esto mismo de Dios, como lo hemos señalado, pero esta palabra sirvió como una confirmación profética increíble en su vida.

*En la iglesia de Antioquía eran profetas y maestros Bernabé; Simeón, apodado el Negro; Lucio de Cirene; Manaén, que se había criado con Herodes el tetrarca; y Pablo. Mientras ayunaban y participaban en el culto al Señor, el Espíritu Santo dijo: "**Apártenme ahora a Bernabé y a Pablo para el trabajo al que los he llamado**". Así que después de ayunar, orar e imponerles las manos, los despidieron* (Hch. 13:1-3, énfasis añadido).

Recuerdo un ejemplo poderoso de confirmación durante una de nuestras reuniones mensuales de "Escuchando a Dios". Después de un tiempo de enseñanza, elegí a alguien nuevo entre la multitud, alguien a quien nunca había visto antes. Mientras oraba por él, tuve una visión de una gran playa, donde lo observaba armando una carpa lo suficientemente grande para que al menos 50 personas se sentaran debajo de ella. Empecé a describirle la visión y, antes de pensar en ello, le dije, "Tú y tu familia van a empezar una iglesia entre una comunidad diversa, ¡y Dios proveerá para ti y te bendecirá enormemente en esto!" El hombre literalmente se rio a carcajadas delante de todos. Alguien le trajo un micrófono, para que pudiera responder a la palabra que había recibido. Lo que sucedió esa noche fue notable. Nos dijo que acababan de empacar todo lo que tenían y habían venido a nuestra reunión como una parada final antes de manejar a San Diego, California para empezar una iglesia entre la comunidad de la playa. Su familia nunca había estado en nuestra iglesia antes, en otras ocasiones habían sido invitados, y la única vez que pudieron llegar fue esa noche, cuando salían de la ciudad.

Dios tiene tanta gracia para darnos confirmación de una manera tan profunda. ¡Cuando le pides a Dios claridad sobre lo que quiere que hagas, puede ser que recibas esa confirmación a través de una palabra profética poderosa!

La Profecía Trae la Realidad de Dios

Pero, si uno que no cree o uno que no entiende entra cuando todos están profetizando, **se sentirá reprendido** *y juzgado por todos, y* **los secretos de su corazón quedarán al descubierto.** *Así que se postrará ante Dios y lo adorará, exclamando:* **"¡Realmente Dios está entre ustedes!"** (1 Co. 14:24-25, énfasis añadido).

En este capítulo, el apóstol Pablo aclaró la aplicación apropiada del lenguaje espiritual y la importancia colectiva del don profético. Cuando la profecía se da a conocer de manera saludable, el resultado es revolucionario para aquellos que no conocen a Dios o que no han experimentado Su poder. He pasado muchas horas tratando de explicar quién es Jesús a los que no creen en Él. He respondido preguntas, he escuchado la crítica, he abogado por la autoridad de la Biblia; he hecho todo eso, y siempre seguiré haciéndolo. Sin embargo, amo los momentos en que Dios me da una palabra profética para alguien que no sigue a Jesús, y no pueden decir nada excepto, "¡Dios está realmente entre ustedes!"

Un día, fui invitado a ministrar en un festival al aire libre a unas cuantas horas de distancia de donde vivo. Manejé hasta el evento y me uní a la multitud mientras esperaba mi tiempo para predicar.

Después de mi mensaje, crucé la calle hasta donde estaba mi carro y pasé junto a dos empleados de la ciudad que fueron contratados para supervisar el estacionamiento. Justo cuando pasaba por allí, escuché al Espíritu Santo decir: "¡Vuelve y habla con ellos!" Avancé unos pocos pasos más y me detuve. Me di la vuelta y me acerqué a ellos, y dije: "Hola, ¿cómo están?" Ambos me miraron y dijeron: "Bien, supongo". Literalmente no tenía nada que decir, así que empecé a estancarme mientras esperaba al Espíritu Santo. Justo entonces miré al hombre de mi derecha y dije, "Creo que Dios me acaba de mostrar que tu hermana está en el hospital porque tuvo una sobredosis este fin de semana. Tú y tu familia han estado preocupados por esta noticia, pero quiero que sepas que ella va a sobrevivir". El segundo hombre, asombrado, literalmente dijo en voz alta una mala palabra. El otro hombre me dijo, "¿Cómo supiste?" Pasé los siguientes cinco minutos compartiendo mi testimonio sobre mi encuentro con Jesús y sobre lo mucho que Él los amaba. Les pregunté a estos hombres si podía orar con ellos por su hermana, y antes de decir que sí, se quitaron los sombreros para honrar el momento. Oré por ellos, los animé y profeticé sobre sus familias. Ese día, esos hombres se alejaron diciendo, "¡Dios es real y ciertamente está entre ustedes!" La realidad de Jesús fue traída a sus vidas, y no hay ninguna forma de que lo olviden.

En una cultura de filosofía y debate, el apóstol Pablo dejó en claro que "el reino de Dios no es cuestión de palabras, sino de poder" (1 Co. 4:20).

Cuando la realidad de Dios se revela a alguien, es convencido por la verdad y obligado a tomar la decisión de rendirse a Dios o endurecer su corazón.

Nuestra cultura tiene sorprendentes similitudes con aquella en la que Pablo ministró, y una de las manifestaciones del poder de Dios entre nosotros se revela en forma de palabras proféticas. Cuando la realidad de Dios se revela a alguien, es convencido por la verdad y obligado a tomar la decisión de rendirse a Dios o endurecer su corazón. No importa la elección que tome, no puede volver a la vida normal cuando Dios aparece a través de una profecía sobrenatural.

La Profecía Trae Dirección

No puedo decirte cuántas veces he escuchado a alguien decir, "La profecía SOLO confirma lo que ya estás escuchando de Dios por ti mismo". Definitivamente comparto el sentimiento subyacente de esta declaración, pero si vamos a dar por hecho que Dios *solo* da confirmación profética, entonces debemos tener un versículo de la Biblia muy claro que realmente diga eso. Adivina qué, ¡no lo tenemos! Dicho esto, no creo que la forma principal en la que el Espíritu Santo nos da dirección sea a través de una palabra profética, pero ciertamente sucede a veces. Puede ser que tengas una perspectiva errónea de quién eres y por lo tanto te descalificas de una asignación futura. Tus oídos pueden estar cerrados a las posibilidades del futuro, así que Dios en Su gracia te envía una palabra profética para que reconsideres lo que tan fácilmente descartas. Estoy seguro de que hay otras razones por las que Dios da una dirección profética, pero en mi experiencia, esta parece ser la más frecuente.

Aunque creo que hay momentos en los que Dios da palabras proféticas que resaltan la dirección futura que aún no hemos escuchado, sigo pensando que debemos tener cuidado. Cuando alguien me dice lo que está pasando en su vida y luego me pide una palabra profética direccional, por lo general solo digo ¡NO! No funciona así. No podemos buscar una palabra profética en lugar de cultivar nuestra propia relación con Dios. Además, soy bastante específico con cualquiera en nuestro círculo acerca de no dar palabras proféticas con respecto a un cónyuge, hijos, o fechas específicas. No estoy diciendo que Dios no dé este tipo de palabras a veces, pero esas ocasiones son pocas y distantes entre sí. Si sucede, nos debemos asegurar de presentarla de manera que la persona pueda considerarla sin sentir ninguna presión innecesaria.

Ya he compartido mi historia de cuando recibí una palabra profética acerca de escribir libros. Nunca había considerado escribir libros antes de escuchar esta palabra, y aun así, aquí estoy. Recuerdo haberle dado una palabra profética a una mujer sobre el inicio de un ministerio que traería sanidad y restauración a las mujeres, y ella respondió, "Está bien, no estoy segura de eso". ¡Esta misma mujer es ahora responsable de iniciar varios ministerios que centran sus esfuerzos en alcanzar a las mujeres de la calle y también en los clubes de striptease! Si alguna vez recibes una palabra profética que no sirve como confirmación, simplemente llévala al Señor y pregúntale si esa es la dirección de Él para tu vida. No hay necesidad de preocuparte, porque Dios te lo confirmará si realmente es para ti.

La Profecía Trae Corrección

Dios nos corrige porque nos ama y quiere lo mejor para nuestra vida. La palabra "corrección" simplemente significa poner bien de nuevo, enderezar los caminos, reprender, o señalar el error. Aunque se nace y se renueva por el Espíritu de Dios, no toda nuestra mente ha sido renovada aún (Ro. 12:1-2); por lo tanto, no todas nuestras decisiones son de Dios. Por ende, necesitamos la amorosa y paternal voz de corrección de Dios que nos revela la manera correcta, en contraste con lo que pensamos o hacemos.

La Biblia es la voz principal de Dios en nuestra vida, y vemos claramente que uno de los propósitos principales de las Escrituras es proporcionar la corrección para formarnos: "Toda la Escritura es inspirada por Dios y útil para enseñar, para reprender, **para corregir** y para instruir en la justicia, a fin de que el siervo de Dios esté enteramente capacitado para toda buena obra". (2 Ti. 3:16-17, énfasis añadido). El aspecto de la corrección a través de las Escrituras es importante, porque así podemos alejarnos de lo que es malo y meternos en lo que es bueno. El objetivo de la corrección de Dios no es solo hacernos sentir mal por lo malo, sino ayudarnos a vivir como Él realmente creó que fuésemos. De esto podemos ver claramente que Dios trae corrección a nuestras vidas; la única cuestión es si Él lo hará a través de una palabra profética.

En el Antiguo Testamento, Dios regularmente dio a los profetas palabras correctivas para las personas o naciones, dichas palabras llevaban consecuencias de bendición por obediencia y juicio por desobediencia. En el Nuevo Testamento, como ya hemos visto, la naturaleza primordial de la profecía es edificar, animar y consolar (1 Co. 14:3). Aunque ciertamente estoy de acuerdo en que la palabra profética típica no es de naturaleza correctiva, sigo pensando que sucede, y debemos aprender a manejar este tipo de palabras.

Hay un patrón claro para dar palabras proféticas correctivas en el libro de Apocalipsis. El apóstol Juan escribió el libro de Apocalipsis a partir de una serie de visiones y palabras proféticas que recibió de Dios (Apocalipsis 1). En los capítulos dos y tres, Juan escribe a siete iglesias de Asia Menor y les habla a todas ellas de manera similar. El patrón profético es el siguiente: los elogia por lo que están haciendo bien, los corrige por lo que están haciendo mal, y los exhorta al verdadero arrepentimiento, con las consecuencias correspondientes. Si vamos a ver algún fruto de la profecía correctiva, debemos practicarla de la misma manera.

Como muchos otros, he visto a personas dando profecías correctivas y de advertencia que han causado daño y confusión. Esta es la razón por la que algunas iglesias y ministerios no permiten a nadie dar profecías correctivas en absoluto. Lo entiendo. Creo que la manera principal en que Dios trae corrección a Su pueblo es primero a través de la relación y en segundo lugar a través del liderazgo (Mt. 18). Sin embargo, en una cultura profética sana, podemos crecer en nuestra capacidad de recibir y dar la plenitud del corazón de Dios, lo que puede significar arreglar algo, pero solo en un sentido correccional.

Si vamos a permitir palabras correccionales, entonces debemos establecer parámetros claros y capacitar a las personas para ministrarlas, de modo que de verdad podamos escuchar y prestar atención a la palabra del Señor. En primer lugar, las palabras proféticas correccionales no son lo mismo que las palabras de juicio sobre las que leemos en el Antiguo Testamento. La palabra profética no puede ser así: "Esto es lo que estás haciendo mal, y si no te arrepientes, ¡el juicio está cerca!" Cuando el apóstol Juan transmitió las palabras proféticas de Jesús en el libro de Apocalipsis, no pronunció la corrección sin el elogio. Cuando la gente da una palabra profética correccional, debe ser clara y transmitir la esperanza de lo que Dios quiere hacer. Además, debemos exigir que las personas proféticas tengan una perspectiva adecuada de lo bueno junto con la corrección. Este tipo de salvaguardas no solo asegurarán el bienestar de quienes reciben las palabras, sino también de quienes las dan. A medida que le damos la bienvenida al ministerio profético y lo establecemos, debemos hacerlo de una manera que esté disponible para cualquier tipo de palabra que Dios pueda dar, incluyendo aquellas que conllevan corrección.

> **Cuando la gente da una palabra profética correccional, debe ser clara y transmitir la esperanza de lo que Dios quiere hacer.**

Capítulo 9

Recibiendo Palabras Proféticas de Dios

En mi primer libro, *Escuchando a Dios*, mi objetivo fue convencer a los lectores de que Dios se comunica con todos nosotros personalmente. Mi objetivo en este segundo libro es añadir más sobre ese concepto, porque una vez que crees que Dios te habla personalmente, es mucho más fácil creer que Él hablará a través de ti proféticamente. La transición es perfecta. El hecho es que recibimos palabras proféticas para otros de la misma manera que escuchamos la voz de Dios para nuestras propias vidas. La pregunta vital es, ¿Cuán familiarizado estás con la forma en que el Espíritu Santo se comunica contigo? Dios nos habla todo el tiempo, pero es posible que no siempre podamos discernir la forma en que se está comunicando con nosotros porque rara vez la voz de Dios es una voz audible.

Vivimos en un mundo que utiliza múltiples formas de comunicación. Es muy probable que todos los que lean este libro usen dos, tres, o incluso más formas de comunicación en el día a día. Nosotros podríamos hablar de lenguaje de señas, braille, correos electrónicos, mensajes de texto, emojis, y, por supuesto, las comunicaciones telefónicas de voz "anticuadas". Además, se hablan más de 6500 idiomas diferentes en nuestro mundo, y eso ni siquiera incluye el lenguaje corporal, que puede ser igual de poderoso (¡y todos los casados dicen AMÉN!). De manera similar, Dios usa muchas formas de

Profetiza

comunicación con nosotros, y necesitamos entender esto si vamos a recibir regularmente palabras para los demás.

La mayoría de los libros sobre el ministerio profético destacan un proceso específico de revelación, interpretación y aplicación. Obviamente, recibir la revelación profética es la parte más importante de este proceso, porque para dar una palabra profética a alguien, primero debes recibirla de Dios. A lo largo del resto de este capítulo, los estaré guiando a través de las diversas formas en que Dios nos habla proféticamente. Al compartir esto no digo de ninguna manera que son las únicas formas en que Dios se comunica, pero he descubierto que son más comunes en mi experiencia y, lo más importante, en las Escrituras.

Recibiendo Palabras Proféticas de la Biblia

La forma principal en que escuchamos y discernimos la voz de Dios, comienza y termina con la Biblia. La Biblia es infalible y contiene la voluntad general de Dios, que nunca cambia, es para cada creyente en cada generación. La Palabra infalible de Dios siempre es el primer lugar al que vamos para escuchar de Dios y es el primer lugar al que vamos para discernir lo que creemos que el Espíritu Santo podría estar diciéndonos. Con esto en mente, te animo a considerar la prioridad que le das a la Biblia en tu vida diaria, porque realmente marca la diferencia.

Cerca del final de su vida, el apóstol Pablo le escribió una carta a su hijo en la fe, Timoteo. Las verdades que escribió fueron extremadamente importantes, especialmente porque fueron algunas de las últimas cosas que diría. Pablo quería que Timoteo entendiera que La Biblia fue "inspirada" o, literalmente, "inspirada por Dios"; por lo tanto, los libros que contiene tienen el poder divino para transformar vidas. El apóstol Pedro también escribió con la misma noción a sus lectores, que la Escritura no es un producto de la voluntad o la imaginación humana, sino más bien, "inspirada" por el Espíritu Santo.

*Toda la Escritura es **inspirada** por Dios y útil para enseñar, para reprender, para corregir y para instruir en la justicia, a fin de que el siervo de Dios esté enteramente capacitado para toda buena obra* (2 Ti. 3:16-17, énfasis añadido).

*Ante todo, tengan muy presente que ninguna profecía de la Escritura surge de la interpretación particular de nadie. Porque la profecía no ha tenido su origen en la voluntad humana, sino que **los profetas hablaron de parte de Dios, impulsados por el Espíritu Santo*** (2 P. 1:20-21, énfasis añadido).

Desde hace muchos años, mi práctica diaria ha sido leer y estudiar la Palabra de Dios. Además, he aprendido a llevar un diario de mis pensamientos, observaciones, preguntas, y cualquier pasaje único que se destaque para mí. Algo que he descubierto a través de la práctica de esta disciplina es cómo el Espíritu Santo a menudo me resalta los versículos de las Escrituras durante mi tiempo personal con Dios, que están destinados a ser compartidos a alguien más durante el día. Aunque esto no es mi principal motivo para pasar tiempo en la Palabra de Dios, ciertamente se ha convertido en una forma normal de recibir palabras proféticas para la gente.

Un día, cuando estaba leyendo la Biblia como lo hago normalmente, algunos versículos de Marcos 6 me llamaron la atención, así que los escribí:

Los apóstoles se reunieron con Jesús y le contaron lo que habían hecho y enseñado. Y, como no tenían tiempo ni para comer, pues era tanta la gente que iba y venía, Jesús les dijo, "Vengan conmigo ustedes solos a un lugar tranquilo y descansen un poco". Así que se fueron solos en la barca a un lugar solitario (Mc. 6:30-32).

Mientras meditaba en estos versículos, recibí una poderosa revelación de la importancia del descanso y la intimidad con Jesús en medio del ajetreo del ministerio. Escribí muchas observaciones que hablaron a mi corazón, pero todas eran personales, sin siquiera pensar que podrían ser proféticas para alguien más. Más tarde, ese día, estaba en un momento de oración por uno de mis amigos que también es pastor. Mientras oraba, el Espíritu Santo me recordó el pasaje de las Escrituras en que había estado meditando esa mañana. De alguna manera supe que este versículo era profético para mi amigo, así que lo llamé en ese momento y le dije: "Oye, amigo, estaba orando por ti y una Escritura llegó a mi mente en Marcos 6". Luego procedí a leerle todo el pasaje. Mi amigo parecía muy sorprendido y me preguntó, "¿He hablado contigo en la última semana?" Le aseguré que no habíamos hablado durante varias semanas. Durante los siguientes 10 minutos mi amigo me dijo que el Espíritu Santo le había hablado de la misma Escritura una semana antes, lo que lo llevó a pedir al consejo de su iglesia un período sabático de tres meses. ¡Estaba abrumado por esta confirmación profética, y ambos alabamos a Dios por Su voz en nuestras vidas!

Recibiendo Impresiones Proféticas

Una impresión es un sentido interno en el que sientes, piensas o sabes algo relacionado con una persona o una situación. No hay referencias directas a la palabra "impresión" en la Biblia, principalmente porque esta palabra se utiliza para describir diversas experiencias que parecen comunes a muchos. Un ejemplo en el que creo que aparece una impresión en la Biblia se encuentra en Hechos 27. El apóstol Pablo había sido encarcelado durante algún tiempo, y, en el proceso de esta situación en curso, había apelado para ser juzgado ante el César. Poco después de hacer su apelación, Pablo fue enviado a Roma en barco para presentar su caso al Emperador. El viaje estuvo plagado de tormentas, vientos contrarios y mares agitados. En medio de todo esto, el Señor le dio a Pablo una impresión profética de lo que iba a suceder:

> *Se había perdido mucho tiempo, y era peligrosa la navegación por haber pasado ya la fiesta del ayuno. Así que Pablo les advirtió, "**Señores, veo que nuestro viaje va a ser desastroso y que va a causar mucho perjuicio tanto para el barco y su carga como para nuestras propias vidas**". Pero el centurión, en vez de hacerle caso, siguió el consejo del timonel y del dueño del barco* (Hch. 27:9-11, énfasis añadido).

Las impresiones proféticas vienen como una percepción interna o una sensación física real. La mayoría de las impresiones que recibo son internas, pero a veces experimento una sensación física de algún tipo que me impulsa a orar o profetizar. Por ejemplo, yo estaba predicando en una iglesia una noche, y durante mi mensaje empecé a sentir un dolor físico en mi cuello. El dolor llegó al punto en el que necesitaba hacer algo, así que pregunté en voz alta, "¿Alguien tiene un dolor severo en el lado derecho del cuello que le está causando dificultades en este momento?" Una mujer en el fondo del salón se puso de pie inmediatamente. "Soy yo", dijo, y continuó describiéndonos el resto de su condición física. Detuvimos el servicio en ese momento y comenzamos a orar por ella. Ella vino a la iglesia la mañana siguiente para dar testimonio del poder sanador de Jesús: ella había dormido tranquilamente toda la noche y ya no tenía ningún dolor. Ya que su condición la había atormentado durante varios años, ¡estaba maravillada y no podía dejar de contárselo a todo el mundo!

En otra ocasión, estaba asistiendo a un retiro y varios hombres jóvenes se me acercaron y comenzamos una conversación. Mientras simplemente miraba a uno de los chicos, inmediatamente sentí una sensación de pérdida abrumadora. Unos momentos después, comencé a profetizarle a este joven. "Siento que has experimentado una gran pérdida, pero Dios quiere que sepas que Él está contigo y que usará tu vida para impactar a las personas que también han pasado por algún trauma similar". Esta palabra impactó profundamente al joven, porque recientemente había perdido a un miembro de su familia por suicidio. Toda la experiencia comenzó con una simple impresión que abrió un momento profético que no se olvidará fácilmente. Cuanto más salimos y empleamos lo que creemos que Dios nos dice, más fácil será determinar la exactitud de las impresiones proféticas que recibimos.

Recibiendo Pensamientos Proféticos

Otra forma importante en que Dios nos habla proféticamente es a través de nuestros pensamientos. Para mí, esto podría ocurrir en un momento muy normal, como por ejemplo, mientras conduzco por la carretera. De repente, un pensamiento podría aparecer en mi mente: "¿Cómo está Juan?". El pensamiento podría asemejarse mucho a mi propia voz, y la mayoría de las veces suelo pensar que es solo un pensamiento aleatorio sobre una persona que no he visto por algún tiempo. Sin embargo, si decido llamar a Juan, la mayoría de las veces, resulta que mi llamada telefónica fue oportuna y extremadamente profética mientras hablamos y oramos por algo que está pasando. ¿Te ha pasado esto alguna vez?

A Dios le importa todo en nuestra vida, incluso las cosas pequeñas. No puedo decirte cuántas veces he perdido o extraviado mis llaves o teléfono, y mientras busco frenéticamente en mi casa, empiezo a orar, "Dios, por favor muéstrame dónde están mis llaves". ¿Puedes imaginar lo que pasa no mucho después de esa oración? ¡Correcto! Un pensamiento aparece en mi mente que revela el último lugar donde puse mis llaves o mi teléfono. Dios habla en nuestros pensamientos mucho más de lo que nos damos cuenta, y a medida que aprendemos a pedirle pensamientos proféticos para los demás, seguramente experimentaremos un aumento.

La Biblia tiene mucho que decir sobre nuestras mentes. Pablo nos dice claramente que "tenemos la mente de Cristo" (1 Co. 2:16). En otras palabras, cuando nacemos del Espíritu, nacemos para pensar como Jesús, y es razonable asumir que habrá un flujo constante de los pensamientos de Dios fluyendo en nuestra mente. Esto no significa que todo lo que pensamos es una palabra profética de Dios. Pero sí significa que Dios tiene acceso permanente a nuestra mente y hablará en nuestros pensamientos con más regularidad de lo que nos imaginamos. Esto, por supuesto, nos lleva a una conclusión muy importante que podemos exponer: *no todos los pensamientos que vienen a nuestra mente son nuestros*. La mayoría de nuestros pensamientos son solo el resultado directo de un cerebro sano y funcional, mientras que otros pensamientos son del Señor, y algunos incluso provienen de una fuente demoníaca. Esta verdad nos ayudará mientras discernimos en medio del flujo de pensamientos que recibimos del Señor en nuestra vida diaria.

Hay varias Escrituras que hacen referencia a los "pensamientos de Dios" de una manera u otra. En un momento el Rey David habla de los pensamientos de Dios hacia nosotros: "Muchas son, Señor mi Dios, las maravillas que tú has hecho. **No es posible enumerar tus bondades en favor nuestro. Si quisiera anunciarlas y proclamarlas, serían más de lo que puedo contar** (Sal. 40:5, énfasis añadido). Cuando pedimos a Dios palabras proféticas para los demás, una forma de orar podría ser, "Dios, ¿podrías mostrarme los pensamientos que tienes hacia Juan?" En respuesta a esto, el Espíritu Santo revelará el corazón y la mente del Padre hacia Juan, que se convierten en las semillas de nuestra palabra profética.

Recibiendo Visiones Proféticas

Cuando el Espíritu Santo fue derramado el día de Pentecostés, el apóstol Pedro se puso de pie para explicar lo que estaba ocurriendo, citando una profecía del libro de Joel:

"SUCEDERÁ QUE EN LOS ÚLTIMOS DÍAS," dice Dios, "DERRAMARÉ MI ESPÍRITU SOBRE TODO EL GÉNERO HUMANO. LOS HIJOS Y LAS HIJAS DE USTEDES PROFETIZARÁN, TENDRÁN VISIONES LOS JÓVENES Y SUEÑOS LOS ANCIANOS. EN ESOS DÍAS DERRAMARÉ MI ESPÍRITU AUN SOBRE MIS SIERVOS Y MIS SIERVAS, y profetizarán" (Hch. 2:17-18).

Las visiones proféticas no eran nuevas para las personas con las que Pedro estaba hablando. Sin embargo, lo que era nuevo para ellos era la idea de que cualquier persona podría recibir del Espíritu Santo de la misma manera que los profetas de la antigüedad. Pedro declaró que la profecía de Joel estaba ahora siendo cumplida, lo que resultaría en el derramamiento del Espíritu Santo. La evidencia de esta nueva realidad del Espíritu Santo sería la liberación de sueños, visiones y profecías a través del creyente común. ¡Esto es verdaderamente asombroso, y exactamente la razón por la que creo que cada cristiano puede profetizar!

¿Qué es exactamente una visión? Una visión es cuando el Espíritu Santo abre tus ojos espirituales para que puedas ver algo que Él está haciendo o está a punto de hacer. La Biblia hace referencia a muchas visiones tanto en el Antiguo Testamento como en el Nuevo Testamento. Las visiones proféticas pueden ser literales, lo cual significa que lo que ves va a suceder tal como lo viste (Hch. 16:9-10). También pueden ser simbólicas, lo que requerirá una interpretación del Espíritu Santo para entender y transmitir el mensaje (Hch. 10:9-16).

Una visión es cuando el Espíritu Santo abre tus ojos espirituales para que puedas ver algo que Él está haciendo o está a punto de hacer.

Las visiones proféticas se reciben típicamente de dos maneras diferentes. La primera es *internamente*. Normalmente esto sucede mientras oras, tal vez incluso con los ojos cerrados; podrás ver una colección de fotos o algo así como un clip de película en tu mente. Esto tiende a ser la forma normal en que recibo una visión profética, lo que tiene sentido cuando consideras que el Espíritu Santo vive en ti. La segunda forma en que puedes recibir una visión profética es *externamente*, comúnmente conocida como una "visión abierta". Una visión abierta es cuando Dios abre tus ojos físicos para ver algo en el ámbito espiritual. Un ejemplo clásico de una visión abierta es cuando Eliseo pidió a Dios que abriera los ojos de su sirviente para que viera los ejércitos angelicales en el ámbito espiritual (2 R. 6:17).

Al facilitar muchos seminarios de capacitación, me he dado cuenta de que una gran mayoría de personas recibe visiones proféticas mientras oran por los demás. Esto puede ser el caso incluso para aquellos que profetizan por primera vez. Durante mi capacitación profética más reciente, se me pidió que demostrara cómo profetizar, así que empecé a orar por una mujer de nuestro grupo a la que nunca había visto antes. Mientras esperaba en el Señor, recibí una visión que tenía dos escenas separadas. Durante la primera parte de la visión, la vi en el patio trasero de una casa, y estaba ayudando a su amiga a arreglar una cerca que había sido dañada. En la segunda parte de la visión, la vi dentro de una casa ayudando a su amiga a arreglar partes de la casa, como también a redecorar. Una vez que la visión terminó, se lo describí tal como lo vi y luego le dije, "El Señor te ve y quiere animarte a que, a través de las cosas grandes y pequeñas, tu corazón sea para servir, ¡y así es como impactas la vida de la gente que te rodea!" Me agradeció por lo que compartí, y mientras todos los demás estaban hablando, ella me dijo que dentro de las últimas semanas ella había hecho LITERALMENTE las mismas cosas que yo había descrito. Esta fue una visión literal que vi internamente, y fue exactamente lo que esta mujer había estado haciendo.

El Señor derrama visiones proféticas, y todo lo que tienes que hacer es pedirle que te abra los ojos. Cuando le pidas al Señor, espera en Él y toma nota de las cosas que te vienen a la mente. A menudo nosotros pensamos que las imágenes y los clips de video que vienen a nuestra mente son nada más que nuestra imaginación. ¿Y si parte de la razón por la que Dios nos dio nuestra imaginación es con el propósito de ser un pueblo profético? Una cosa es segura; ¡mientras Dios derrame Su Espíritu, nosotros veremos visiones!

Recibiendo Sueños Proféticos

La mayoría de nosotros pasamos cerca de un tercio de nuestra vida durmiendo. Piensa en esto por un momento. Dios nos creó de tal manera que necesitamos apagarnos una vez al día para que nuestro cuerpo pueda descansar y reponerse por sí mismo. Con la abundancia de referencias acerca de los sueños en la Biblia, es mi convicción de que Dios quiere usar nuestro tiempo de sueño para comunicarse con nosotros. Y lo hace a través de los sueños.

Los sueños son muy similares a las visiones, excepto por el hecho obvio de que se está dormido. Tanto las visiones como los sueños pueden ser literales o simbólicos, lo que significa que puede ser necesaria la interpretación para entender el mensaje que Dios trata de transmitir. He descubierto que un gran porcentaje de los sueños de Dios, tienden a ser para el individuo que tuvo el sueño. Dios puede darte un sueño que es una palabra profética *para* ti, pero no siempre con la intención de ser una palabra profética *a través de* ti. Además, he notado que la mayoría de las personas que reciben sueños proféticos para otros suelen ser profetas, o al menos llevan un alto nivel del don profético.

He experimentado un puñado de sueños significativos dados por Dios. A principios del 2004, fui líder de jóvenes de una pequeña iglesia en Kirkland, Washington. Una noche soñé que estaba sentado en la parte trasera de una iglesia de tamaño mediano durante un servicio vespertino. Estaba familiarizado con la iglesia e incluso había asistido de tres a seis meses antes de unirme a esta iglesia. La adoración acababa de terminar, y uno de los pastores se levantó y comenzó a compartir algunos anuncios. Cuando el pastor terminó los anuncios, presentó al orador invitado de la noche, mencionando también que el orador era un nuevo miembro del personal de la iglesia. Cuando empezó a describir al orador, me di cuenta de que en realidad hablaba de mí. Miré hacia abajo en mi regazo, y ahí estaba mi Biblia, con algunas notas abarrotadas en el medio; sin embargo, todavía estaba conmocionado por lo que estaba pasando. Caminé hasta el frente de la iglesia, puse mi Biblia y mis notas en el podio, y aclaré mi garganta. Cuando empecé a hablar, todo lo que pude decir era: "Dios te ama, y quiere que pases tiempo con Él; esto es lo que Él quiere". Después de la tercera vez de decir esto, percibí la presencia fuerte del Espíritu Santo, y la gente en todas partes comenzó a llorar y a arrepentirse con un amor sincero a Dios. Fue un poderoso momento.

Solo pocos meses después de este sueño, nuestra iglesia en Kirkland cerró sus puertas, y la gente se dispersó en otras iglesias. Mi esposa y yo tratamos de asistir a otras iglesias, pero no podía dejar de lado el sueño que había recibido. Después de unos meses, nos unimos a la iglesia de mi sueño, y seguí una carrera de bienes raíces para mantener a mi familia. Empezamos a servir en la iglesia. Pero mi trabajo requería de la mayor parte de mi tiempo, así que casi que olvidé el sueño por completo. Aproximadamente siete años después, el pastor principal me preguntó si podía considerar un puesto de pastor en la iglesia. Inicialmente, estaba indeciso; sin embargo, después de recordar el sueño que recibí, acepté el puesto. Actualmente mientras escribo este libro, ¡todavía soy parte del staff en esa misma iglesia! Lo increíble del sueño, al menos con relación a su cumplimiento, es que ahora yo sabía lo que el Señor estaba tratando de decirme. Él me estaba compartiendo que yo había sido llamado a animar a la iglesia a caminar más de cerca con Jesús, y yo creo que eso ha sido bastante cierto en mi ministerio. Este sueño fue una palabra profética para mi vida que recibí siete años antes de que realmente sucediera. Así es como funcionan los sueños proféticos a veces.

Al observar las Escrituras respecto a los sueños, encontramos unos pocos temas categóricos comunes que creo que nos ayudarán para cuando Dios nos hable de esta manera. Primero, los sueños pueden ser a menudo *direccionales*. La mayoría de los sueños que he recibido de Dios son de naturaleza direccional. Un sueño direccional es donde Dios nos muestra a dónde quiere que vayamos o lo que Él quiere que hagamos.

Un sueño direccional es donde Dios nos muestra a dónde quiere que vayamos o lo que Él quiere que hagamos.

Un buen ejemplo de un sueño direccional es encontrado en la historia que rodea el nacimiento de Jesucristo:

> *Cuando ya se habían ido, un ángel del Señor se le apareció en sueños a José y le dijo, "Levántate, toma al niño y a su madre, y huye a Egipto. Quédate allí hasta que yo te avise, porque Herodes va a buscar al niño para matarlo". Así que se levantó cuando todavía era de noche, tomó al niño y a su madre, y partió para Egipto, donde permaneció hasta la muerte de Herodes. De este modo se cumplió lo que el Señor había dicho por medio del profeta: "DE EGIPTO LLAMÉ A MI HIJO"* (Mt. 2:13-15).

Poco después de que naciera Jesús, Dios le dio un sueño a José para decirle a dónde ir para que Jesús estuviera protegido del Rey Herodes. Esta no era la primera vez que Dios le hablaba a José en un sueño, así que vale la pena mencionar que Dios establecerá un patrón de sueños direccionales siempre y cuando Él elija hablarte de esta manera.

La segunda categoría de sueños que leemos en las Escrituras son los sueños *correccionales*. Un sueño correccional está destinado a evitar que continúes en cierta dirección o pecado que te está haciendo daño, perjudicando tu relación con Dios, y, muy posiblemente, perjudicando a otras personas a tu alrededor. En el libro de Job encontramos un pasaje interesante que da una idea de lo que yo llamo sueños correccionales.

> *Dios nos habla una y otra vez, aunque no lo percibamos. Algunas veces en sueños, otras veces en visiones nocturnas, cuando caemos en un sopor profundo, o cuando dormitamos en el lecho, él nos habla al oído y nos aterra con sus advertencias, para apartarnos de hacer lo malo y alejarnos de la soberbia; para librarnos de caer en el sepulcro y de cruzar el umbral de la muerte"* (Job 33:14-18)

Este pasaje revela cómo Dios puede usar los sueños para impartir instrucción, apartarnos de nuestras decisiones actuales, o alejarnos del orgullo, y al hacerlo salvarnos de la destrucción. Si otros medios de comunicación no están funcionando con nosotros, Dios puede usar un sueño para traer corrección. He recibido clara corrección del Señor en sueños un puñado de veces. La corrección es una parte muy importante de nuestro desarrollo y necesaria para ayudarnos a permanecer en el camino correcto.

La tercera categoría de sueños que podemos experimentar son sueños *proféticos*. En un sueño profético, Dios nos muestra algo que ocurrirá en el futuro para otra persona. En cierto sentido, todos los sueños son proféticos, pero específicamente los "sueños proféticos" son aquellos que se convierten en una palabra profética a través de nosotros y no para nosotros. Mientras que la mayoría de los sueños en la Biblia están relacionados con el individuo que tuvo el sueño, también encontramos un puñado de sueños proféticos (Daniel 7).

Las tres categorías de sueños que sugerí no son los únicos tipos de sueños que Dios da, pero he descubierto que son los más comunes en las Escrituras. Al cerrar la conversación sobre los sueños, necesito hacer una advertencia. He visto a tanta gente siendo demasiado atrapada en los detalles y las partes oscuras de algún sueño que sienten que es del Señor. Por favor, escúchame: Dios no está jugando un juego cósmico con nosotros en el que quiere ver si podemos armar el oscuro rompecabezas. Cuando un sueño no es claro, y necesita interpretación, entonces el único que puede interpretar el sueño es el mismo que lo dio - Dios. Recordemos lo que dijo José cuando le pidieron que interpretara el sueño del faraón cuando nadie más podía: "—No soy yo quien puede hacerlo —respondió José—, sino que es Dios quien le dará al faraón una respuesta favorable" (Gn. 41:16). La interpretación pertenece a Dios, y Él revelará lo que trata de decirnos mientras lo busquemos. Si Dios no te revela la respuesta mientras oras, no te estreses intentando averiguarlo; ten paciencia y espera Su respuesta.

Recibiendo la Voz Profética de Dios

Hay momentos en que Dios pasa por alto cualquier otra forma de comunicación y simplemente nos permite escuchar Su voz como una voz real. La mayoría de las Escrituras hablan de la voz de Dios como una voz audible. He leído muchos libros y escuchado

Profetiza

varios testimonios de personas que afirman haber escuchado la voz audible de Dios. Aunque he experimentado muchas cosas sobrenaturales, nunca he oído la voz audible de Dios personalmente. No dudo ni por un segundo que algunas personas la hayan oído, pero hasta ahora, no soy uno de ellos. No creo que escuchar la voz audible de Dios sea una experiencia profética típica cuando ministramos a las personas, así que no me voy a enfocar mucho en ello en esta sección. Dicho esto, hay otra manera en que escuchamos la voz profética de Dios que yo llamo *la voz interna* del Espíritu Santo.

A veces escucharemos a Dios hablarnos en nuestro corazón, y se percibe como una voz en lugar de solo nuestros propios pensamientos. Como hemos discutido, el Espíritu Santo vive dentro de nosotros, por lo que escuchar Su "voz interna" será más común que Su "voz audible". Es posible que haya escuchado a otros referirse a este tipo de comunicación como la "voz suave y apacible" de Dios, o quizás incluso relacionar esto a la conciencia humana. De cualquier manera, realmente estamos hablando de la misma cosa.

Uno de nuestros misioneros vino a nuestra iglesia una vez para predicar durante nuestros servicios de fin de semana y compartir a nuestra congregación sobre lo que Dios estaba haciendo en su ministerio. Mientras predicaba, yo literalmente escuché una voz que me dijo en medio de su mensaje, "el 21 de enero". Era tan claro que sabía que era el Espíritu Santo, y tenía que compartirlo con él, aunque no tenía ni idea de lo que significaba. Después del servicio, los dos estábamos ocupados, y no pude hablar con él. Así que le envié un mensaje contándole que había recibido un mensaje mientras él estaba predicando, pero no sabía lo que significaba. No discutimos lo que podría significar, así que le dejé a él la tarea de discernir. Aproximadamente un año después, escuché una historia loca sobre cómo esta fecha profética alentó su fe en algo muy específico. El año que vinieron a nuestra iglesia, ellos estaban buscando una propiedad, pero debido a la zona en la que vivían, no pudieron conseguir un contrato de arrendamiento. Pasaron muchos meses y se acercó el año nuevo, y el Señor les recordó la fecha que les había compartido. Comenzaron a orar, creyendo que Dios estaba haciendo algo, y finalmente, consiguieron un nuevo edificio. Un detalle curioso fue que ellos aseguraron el arrendamiento el 22 de enero en su país, pero como están muchas horas antes, todavía era el 21 de enero en mi país. Aunque esto no me pareció una palabra muy profética en ese momento, realmente se convirtió en algo profundo para ellos en medio de su circunstancia.

Cuando Dios me habla de esta manera, generalmente escucho palabras, frases, u oraciones claras que hablan directamente sobre un tema de la vida de alguien. Por lo general, mientras oro por alguien, escucho la voz interna del Espíritu Santo en mi corazón, que suena como, "Dile a Samuel que yo proporcionaré las finanzas si da el siguiente paso". La voz interna del Espíritu Santo siempre se dirigirá a ti en tercera persona y no en primera persona, lo que será una clave primaria en el discernimiento de que es Dios y no solo tus propios pensamientos.

La voz interna del Espíritu Santo siempre se dirigirá a ti en tercera persona y no en primera persona, lo que será una clave primaria en el discernimiento de que es Dios y no solo tus propios pensamientos.

Normalmente oirás cosas como, "Dile a Ben esto...", "Mi palabra dice..." o "Anímala a leer el Salmo 91". Este tipo de comunicación no requiere interpretación, aunque la forma en que ministres la palabra a alguien puede requerir sensibilidad dependiendo de lo que sea la palabra (más sobre eso en el siguiente capítulo).

Recibiendo el Fluir Profético

Hasta ahora hemos discutido las diferentes formas en que recibimos las palabras proféticas del Espíritu Santo antes de profetizar. Sin embargo, hay otro aspecto de recibir proféticamente de Dios que tiene que ver más con recibir la unción para profetizar y menos con recibir una palabra con anticipación. Hay momentos en los que literalmente no tengo nada en la mente o en el corazón, pero cuando empiezo a profetizar sobre alguien, las palabras empiezan a fluir. Es casi como entrar en un río, y el agua de la unción de Dios comienza a fluir a través de nosotros de una manera muy natural.

Cuando hablo de recibir un fluir profético, en realidad me refiero a ministrar en la unción del Espíritu Santo. Creo que la Biblia hace referencia a esta experiencia cuando el Espíritu Santo se posó sobre las personas y ellos profetizaron (Nm. 11:25; Hch. 19:6). Caminar en el fluir profético requiere una gran fe al salir y ministrar a la gente, así que no aconsejo este tipo de riesgo para aquellos que apenas están empezando a profetizar. Probablemente estuve ministrando proféticamente alrededor de cinco o siete años antes de darme cuenta de que esto es algo que hace el Espíritu Santo.

Hace unos años, me invitaron a una nueva iglesia en el sur en la que nunca había estado. Después de enseñar, escogí algunas personas del público por las cuales orar, y en ese momento no tenía nada en mi mente para nadie. Señalé a alguien en la parte de atrás que no conocía, y al empezar a profetizar, a partir de su testimonio personal, esto es lo que sucedió:

> En marzo de 2017, Ben vino a nuestra iglesia y me dio una palabra profética. Me dijo que Dios estaba abriendo una puerta en el trabajo y estaba respondiendo algunas oraciones específicas que había estado haciendo con respecto a la gestión corporativa, notando mi dedicación a la empresa y la culminación exitosa de muchos desafíos. Para dar un poco de contexto; yo era el Gerente de Servicio de la sucursal local en aquel entonces y asumí muchas tareas que estaban fuera de la descripción de mi trabajo. A veces "me puse de redentor" por cosas que realmente no eran mi culpa, para que otros no sufrieran. Ben dijo específicamente que, "Algunos no te han hecho bien, y Dios no va a hacer que todo esté bien, pero hará que tu corazón esté bien". Creo que esta parte de la profecía estaba relacionada con esas situaciones. Ben profetizó que, en abril de 2017, comenzaría a ver una puerta abriéndose en el trabajo. A principios de junio de 2017, mi gerente regional fue

a la sucursal un día y me dijo que necesitaba unos 30 minutos a solas conmigo. Supuse que era acerca de otro proyecto que yo necesitaba completar. Me llevó a desayunar y me dijo que como había terminado cada desafío que se me había dado, y los había terminado bien, quería ofrecerme el cargo corporativo de Director de Entrenamiento para toda la compañía, que consta de 13 sucursales y alrededor de 250 empleados. No fue sino hasta junio que me ofrecieron este cargo, pero mi nombre se había estado discutiendo para el cargo desde abril, ¡que es cuando Ben había profetizado que se abriría una puerta en el trabajo!

Como puedes ver, esta palabra profética y su cumplimiento son completamente sobrenaturales. Recuerdo esa noche específicamente. El Espíritu Santo liberó un fluir profético que fue activado por la fe para dar un paso adelante y profetizar, aunque no tenía palabras planeadas previamente para compartir. Cultivar un fluir profético requiere años de experiencia en el ministerio y conexión con el Espíritu Santo, pero puede ser uno de los momentos proféticos más poderosos que alguna vez verás.

Capítulo 10
Aprendiendo a Profetizar

Debo admitir que cuando empecé a profetizar, no tuve ninguna guía, entrenamiento, principios prácticos, ni siquiera mucho estímulo para hacerlo. Y, como puedes imaginar, las palabras que compartía en ese momento probablemente no eran lo que podrían y deberían haber sido. Pero de eso se trata el aprendizaje. ¡Simplemente no sabes lo que no sabes, y tienes que empezar con lo que tienes!

Así fue como comencé en el ministerio profético, pero no tiene que ser el caso para todos los demás. Claro, todos tenemos que aprender a través de la prueba y el error hasta cierto punto. Sin embargo, algunos errores son innecesarios y fáciles de evitar si tenemos la información correcta, un corazón enseñable y la tenacidad para seguir creciendo. Créeme; he visto a algunos hacerlo mejor, en menos tiempo, y con mejores resultados de los que yo experimenté. Por eso me apasiona ayudar a las personas a aprender a profetizar. Si vamos a profetizar, debemos hacerlo bien, y para hacerlo bien requiere que implementemos un proceso de aprendizaje que establezca la trayectoria correcta.

Me da un poco de vergüenza admitirlo, pero me gustan los relojes de pulso bonitos. Me gustan mucho y ni siquiera puedo explicar por qué. Simplemente me gustan. Dicho esto, es posible que tenga o no un par de relojes muy bonitos en mi posesión, pero en un intento de proteger al culpable, no puedo confirmar ni negar esta acusación. Lo que sí sé con certeza es que cuando compras un reloj caro, llega en una caja muy bonita. El paquete en el que llega el reloj expresa la calidad del reloj en sí. De manera similar, una profecía es una bendición preciosa y costosa que debería venir con el tipo de presentación que representa el valor y la importancia de lo que se está dando.

Nadie empieza en un don espiritual con la mejor presentación. De hecho, la mayoría de nosotros podríamos estar algo avergonzados por nuestros primeros intentos de compartir el evangelio, predicar un sermón, o dar una palabra profética. Es por eso que debemos enfatizar la importancia de aprender a profetizar para que podamos presentar la belleza de una palabra profética sin todo el bagaje innecesario que desanima a tanta gente. Yo profetizo regularmente, y tengo una alta tolerancia con la gente que comete errores, pero hay algunos errores que ni siquiera se abordan en la mayoría de las iglesias, lo que hace difícil que lo profético se convierta en una parte normal de lo que hacemos en comunidad.

El apóstol Pablo, escribiendo a la iglesia en Roma, los animó a valorarse unos a otros y a los diferentes dones que Dios les había dado a todos ellos. En lo que respecta al don de la profecía, hizo un comentario que creo es importante enfatizar mientras aprendemos a profetizar:

Tenemos dones diferentes, según la gracia que se nos ha dado. ***Si el don de alguien es el de profecía, que lo use en proporción con su fe*** (Ro. 12:6, énfasis añadido).

Como puedes ver aquí, Pablo animó a cada persona a usar su don. La palabra "usar" implica que ponemos algo en práctica; en realidad "lo hacemos". Su propósito para escribir esto no fue simplemente para explicar que hay muchos dones diferentes. Pablo quería animar al pueblo de Dios a usar el don que les había sido dado, sin importar cuál fuera. Esto nos lleva a un principio extremadamente importante de prerrequisito para nuestro proceso de aprendizaje: ¡No puedes aprender a profetizar sin profetizar! Si realmente vamos a aprender, entonces debemos ir más allá de resaltar principios y memorizar versículos de la Biblia; debemos poner en práctica lo que aprendemos.

Ahora que puedo mirar hacia atrás en mi viaje y considerar lo que he aprendido, me parece correcto y bueno compartir los principios que considero más importantes. Ya sea que estés bien capacitado en el ministerio profético o no, creo que estos principios te ayudarán a crecer y ser más fructífero a medida que proclamas palabras proféticas a otros.

Recibiendo una Palabra Profética

En el capítulo anterior, hablé acerca de siete formas diferentes en que nosotros recibimos palabras proféticas del Espíritu Santo (la Biblia, las impresiones, los pensamientos, las visiones, los sueños, la voz de Dios, el fluir profético). Ahora que entendemos cómo Dios se comunica con nosotros, necesitamos discutir cómo nos posicionamos para recibir Su comunicación.

1. Cultiva tu relación con Dios

Me doy cuenta de que esto debería ser obvio, pero aun así voy a mencionarlo. Nuestra relación con Dios es más importante que nuestro servicio a Dios. Dios nunca busca un mejor desempeño de nosotros; lo que realmente quiere es una mejor relación con nosotros. Antes de ayudar a alguien en el proceso de recibir y compartir palabras proféticas, yo debo enfatizar la importancia de conocer y buscar a Dios primero en nuestras vidas (Mt. 6:33). ¿Estás invitando al Espíritu Santo a hablar a tu propio corazón? ¿Pasas tiempo regular con Dios simplemente para conocerlo? ¿Tienes una visión para que tu relación con el Señor crezca? Si vamos a ser una voz profética para los

Dios nunca busca un mejor desempeño de nosotros; lo que realmente quiere es una mejor relación con nosotros.

demás, debemos empezar por invitar la voz de Dios a nuestras propias vidas mientras lo seguimos a Él de todo corazón.

Cuando Jesús enseñó a Sus discípulos sobre la oración, les mostró cómo debería ser una relación con el Padre, especialmente en contraste con lo que podría quebrantarla:

> *Cuando oren, no sean como los hipócritas, porque a ellos les encanta orar de pie en las sinagogas y en las esquinas de las plazas para que la gente los vea. Les aseguro que ya han obtenido toda su recompensa. Pero tú, cuando te pongas a orar, entra en tu cuarto, cierra la puerta y ora a tu Padre, que está en lo secreto. Así tu Padre, que ve lo que se hace en secreto, te recompensará* (Mt. 6: 5-6).

Como puedes ver, Jesús comenzó diciéndole a Sus discípulos cómo no orar. Hizo referencia a cómo los líderes religiosos de Su época usaban la oración para recibir el reconocimiento de los demás. Este tipo de hipocresía quebranta nuestra relación con Dios y, obviamente, afecta nuestro ministerio hacia las personas. Creo que este principio se puede aplicar a nuestra conversación sobre buscar a Dios en búsqueda de palabras proféticas. Estoy seguro de que hay muchos que pasan más tiempo buscando a Dios en busca de palabras proféticas que simplemente cultivando su relación con Él. Seguir ese camino podría fácilmente corromper nuestro corazón y producir una hipocresía similar que quiere el reconocimiento de la gente. Jesús continúa Su conversación para discutir una especie de intimidad con el Padre en la que nadie más está invitado a entrar. Debemos elegir diariamente cultivar nuestra relación con Dios y recordar que el ministerio público puro hacia los demás fluye de lo que tenemos con Dios en el lugar secreto.

2. Pídele a Dios una palabra durante tu tiempo de oración personal

A medida que nos mantenemos estrechamente conectados con Dios, debemos pedirle regularmente que nos hable y nos dé palabras para otros. Jesús enseñó el principio de pedir y recibir refiriéndose a la oración y al deseo de que otros reciban lo que necesitaban:

Pidan, y se les dará; busquen, y encontrarán; llamen, y se les abrirá. Porque todo el que pide, recibe; el que busca, encuentra; y al que llama, se le abre. ¿Quién de ustedes, si su hijo le pide pan, le da una piedra? ¿O si le pide un pescado, le da una serpiente? Pues si ustedes, aun siendo malos, saben dar cosas buenas a sus hijos, ¡cuánto más su Padre que está en el cielo dará cosas buenas a los que le pidan (Mt.7:7-11).

Siempre que pases tiempo en oración, toma un **diario** y escribe nombres de personas, tu iglesia, tu negocio, cualquier cosa o cualquier persona por la que te sientas impulsado a orar. Mientras oras, escribe lo que percibas, lo entiendas o no. A veces reconocerás de inmediato que Dios te ha dado una palabra profética, y otras veces tendrás una semilla de una palabra que aún está en desarrollo. A medida que he tomado notas en mi tiempo de oración a lo largo de los años, he notado cómo el Señor ha desarrollado palabras proféticas en mi corazón durante un período de tiempo. Aunque ciertamente valoro las palabras espontáneas que Dios da en un servicio de la iglesia o en el supermercado, debo enfatizar que, si vamos a administrar el ministerio profético, debemos ir más allá de lo espontáneo y cultivar un oído para escuchar lo que Dios está diciendo desde la mañana hasta la noche.

3. Pídele a Dios una palabra durante un servicio de la iglesia

Independientemente del papel que podamos tener en nuestra iglesia, debemos siempre estar atentos a lo que Dios le está diciendo a la iglesia congregacionalmente hablando, así como a las personas que nos rodean. Pídele a Dios una palabra profética mientras vas en camino a un servicio, y mientras asistes a uno también. Si sientes que Dios te ha dado una palabra congregacional que está destinada a todos, entonces tienes que seguir el protocolo de la iglesia a la que asistes. Si Dios te da una palabra personal para alguien a tu alrededor durante el servicio, entonces trata de encontrar un momento apropiado para compartirlo con esa persona. Si no asistes a una iglesia que permite el don profético, entonces lo mejor que puedes hacer es orar por tu iglesia y reunirte con los líderes para discutir lo que crees que recibiste del Señor.

4. Pídele a Dios una palabra a lo largo del día

Mientras estamos en el trabajo, en la cafetería, o incluso en el supermercado, debemos prestar atención a la gente que nos rodea y comenzar a pedirle a Dios palabras proféticas. Pregúntale cosas como, "¿Qué estás haciendo en la vida de esa persona?" o tal vez, "¿Qué está pasando con esa persona ahora mismo?" A medida que avanzamos en nuestro día, debemos estar más preocupados por ministrar a las personas que por ir del punto A al punto B. **La razón principal por la que no recibimos palabras proféticas para otras personas fuera de la iglesia es porque no pedimos (Stg. 4:2).** Dios trabaja en la vida de la gente a nuestro alrededor, y todo lo que tenemos que hacer es ir más despacio y conectar con lo que el Espíritu Santo les quiere decir a cada uno. La razón principal por la que no recibimos palabras proféticas para otras personas fuera de la iglesia es porque no pedimos (Stg. 4:2). Observa lo que Dios hará cuando simplemente comiences a hacerle preguntas a donde quiera que vayas.

Interpretando una Palabra Profética

En mi experiencia, la mayoría de los errores que la gente comete al dar palabras proféticas tienen que ver con el tema de la interpretación. Obviamente, hay muchas palabras proféticas que no requieren una interpretación, pero un buen porcentaje de ellas sí. El propósito de esta sección es identificar el paso adicional que debemos dar para descubrir el significado de una palabra profética antes de compartirla. No puedo explicar completamente por qué Dios nos da palabras que son simbólicas, pero ciertamente aprecio el poder de una imagen y cómo puede tocar nuestras emociones. Una imagen profética tiene la habilidad única de dar varios mensajes al mismo tiempo y hablar profundamente de cosas en donde las solas palabras siempre serán insuficientes. ¿Has experimentado esto antes? ¿Has recibido una imagen que te ha hablado profundamente donde las palabras no fueron suficientes? ¡Claro que sí!

Recuerdo haber participado en un seminario profético donde aprendí la importancia de la interpretación. Los facilitadores del seminario hicieron que veinte de nosotros hiciéramos una fila mirando al oeste con los ojos cerrados. Entonces, otras veinte personas desconocidas vinieron y se pararon detrás de nosotros mientras le pedíamos a Dios una palabra profética para compartir con ellos. Mientras oraba, tuve una visión de un campo de béisbol y, específicamente, veía un bateador que se salía del cajón de bateo por miedo. Abrí los ojos, me di la vuelta, y encontré una mujer mayor parada frente a mí. Me tomó por sorpresa porque no podía imaginarme compartir este tipo de visión con una persona mayor. Sin pensarlo, le dije: "Si te quedas en el plato, harás un jonrón". Después de hacer esta declaración, expliqué los detalles de la visión que vi justo antes de que el instructor nos mandara a todos a sentarnos nuevamente. Después de la sesión, fui a conseguir un poco de café, y la misma mujer se me acercó y me dijo que la visión que le había compartido era muy profunda para ella. Aparentemente, ella era la líder de un programa de evangelismo en su iglesia, y todo el tema y el currículum del programa estaba relacionado con el béisbol. Para ser honesto, me costó mucho creer esto, por múltiples razones, pero esta mujer no bromeaba en absoluto. Ella me agradeció y me aseguró que estaba increíblemente animada por lo que le compartí.

Esta fue una de mis primeras lecciones prácticas sobre visiones e interpretación. Aprendí lo fácil que puede ser equivocarse y cuán pacientes necesitamos ser para hacerlo bien. Desde entonces he descubierto un número de principios que me han ayudado a ministrar proféticamente cuando el lenguaje metafórico de Dios está presente.

1. Pregúntale a Dios si la visión necesita interpretación

Algunas visiones no requieren interpretación porque el mensaje está incrustado en la imagen misma. En la experiencia que acabo de contarles, el campo de béisbol fue suficiente para hablar con esta mujer, y puede que haya hablado presuntuosamente al darle la palabra profética. Cuando ella me dijo lo que pensaba, no tenía nada que ver con la palabra que adjunté a la visión, sino más bien con lo animada que ella estaba con respecto a la visión en sí misma. Mirando hacia atrás en esa situación, debí haberle dicho la visión y preguntarle si significaba algo para ella. Al ministrar proféticamente en estos días, he aprendido a preguntarle primero al Señor si una visión necesita una interpretación, porque a veces no es así.

2. Pídele a Dios la interpretación de la visión

Cuando tengas una visión, da un paso atrás y pregúntale al Señor, "¿Qué significa esto?" Mientras lo haces, espera en el Señor por un momento. Si alguien está frente a ti mientras haces esto, invítalo en un proceso de espera en oración diciendo, "Esperemos en el Señor por un momento para ver lo que quiere decir". Muy a menudo la gente se apresura en el proceso profético y terminan diciendo algo que no es el significado correcto o que no representa la visión que Dios dio. Una imagen puede significar dos cosas totalmente diferentes, así que debemos desarrollar el hábito de pedir el significado al mismo que nos dio la revelación: ¡el Espíritu Santo!

3. Considera el significado de cualquier metáfora de la Biblia

El Espíritu Santo nos dará a menudo una visión de algo que ya está definido en la Biblia. Pregúntate: "¿Está esta imagen en las Escrituras?" Si la imagen está en la Biblia, tu siguiente pregunta es, "¿Qué significa en la Biblia?" Por ejemplo, aquí hay algunas metáforas bíblicas que Dios puede mostrarte mientras ministras proféticamente:

- **CASA**- Esto puede representar a una nación, iglesia, familia, o tu propia vida.
- **ROCA**- Esto puede representar a Dios el Padre, Jesús, Abraham, o una forma de juicio.
- **AGUA**- Esto puede representar al Espíritu Santo, la Biblia, o el ministerio del Espíritu Santo.
- **LEÓN**- Esto puede representar al Diablo, a Jesús, o fuerza.

Una vez, estaba orando por una mujer y recibí una visión en la que ella caminaba hacia una casa con una visible reacción vacilante. Continuó avanzando hasta el patio cerrado y la entrada de la casa, donde luego se paró en el umbral de la puerta principal. De repente, saltó por la puerta y salió corriendo por el jardín delantero calle abajo. Di un paso atrás y le pregunté al Señor qué significaba esto. Un momento después, los pensamientos comenzaron a fluir en mi mente acerca de que esta era una experiencia reciente con una nueva iglesia y había sucedido debido a una herida del pasado que Dios quería sanar. En este caso, la casa representaba una iglesia, y su renuencia y huída lucharon con su miedo y reacción mientras buscaba seguir adelante, pero estaba impedida para hacerlo. Yo ministré esta palabra en una serie de preguntas que le permitieron hablar sobre cada escenario. Terminamos orando juntos para que Dios sanara su corazón y produjera restauración en la comunidad.

Como hemos discutido previamente, la casa en mi visión podría haber representado un sinnúmero de cosas, incluso desde un punto de vista bíblico. Por eso necesitamos preguntarle constantemente al Señor qué significan las cosas y esperar Su respuesta antes de profetizar.

4. Considera el significado más simple de lo que ves

De vez en cuando, me encuentro con alguien que toma una metáfora profética y la hace más confusa de lo que debería ser. Dios sabe realmente cuán simples somos, y no espera que armemos un rompecabezas espiritual elaborado. Si estás esperando la interpretación del Señor y no lo escuchas decir nada, entonces la visión probablemente tiene el significado más simple. Dios no es el autor de la confusión; Él quiere traer claridad a nosotros y a través de nosotros mientras profetizamos.

Dios no es el autor de la confusión; Él quiere traer claridad a nosotros y a través de nosotros mientras profetizamos.

5. Pídele a Dios claridad cuando no entiendas

Seré honesto, hay momentos en los que recibo una visión y le pido a Dios la interpretación sin recibir ninguna pista de lo que significa. Cuanto más profetices, más oportunidades tendrás de quedarte perplejo de vez en cuando. Desafortunadamente, las personas proféticas generalmente no tienden a admitir cuando no saben algo, así que probablemente nunca sabrás que hay una lucha con esto a menos que lo hayas experimentado personalmente. Quiero animarte a que le pidas a Dios claridad y seas paciente mientras profetizas sobre la gente. Cuando profetizamos, no debemos tener prisa por llegar a la meta. Solo somos responsables de escuchar al Señor y profetizar lo que Él nos de; nada más. La claridad es uno de los mejores regalos que podemos darle a alguien, así que no tomes atajos en el proceso cuando profetices.

Entregando una Palabra Profética Congregacional

Ahora que hemos recibido una palabra profética y hemos interpretado correctamente los elementos necesarios, ¿qué hacemos ahora? Estoy seguro de que la respuesta fácil sería, ¡solo compártela! Bueno, no es tan simple. Lo que hagamos con una palabra profética depende de dónde vamos a compartirla y a quién le puede concernir. Una palabra profética congregacional es una profecía que está destinada a un grupo de personas y no a un solo individuo. El entorno del grupo requiere una comprensión de un protocolo claro que permita compartir la palabra de manera efectiva con responsabilidad.

Cuando el apóstol Pablo escribió a la iglesia de Corinto, en realidad se dirigió al uso del don profético en una reunión congregacional (1 Co. 14:26-33). La iglesia en Corinto había hecho un lío de los dones espirituales, lo que solo llevó a la confusión. Pablo estableció algunos principios claros para la iglesia que servirían como pautas hasta que la madurez pudiera ser establecida. En mi iglesia local, tenemos un protocolo similar sobre cómo se dan palabras proféticas, que es principalmente lo que voy a compartir contigo en esta sección.

1. Familiarízate con el protocolo de la iglesia

Si tenemos una palabra para nuestra iglesia, debemos asegurarnos de preguntarle a un líder sobre el protocolo para compartir proféticamente antes de intentar compartirla. A los pastores se les acerca mucha gente y por toda clase de razones, y nuestra meta no es compartir compulsivamente sino en una relación de confianza. Trata de comprender, apoyar y someterte al protocolo profético que el liderazgo ha desarrollado para las reuniones congregacionales. Puede que sea algo con lo que no estás de acuerdo en sí, pero debe ser algo que se debe respetar por el bien de la unidad en general.

En nuestra iglesia, solo permitimos que aquellos que están en liderazgo o en el equipo profético, den palabras congregacionales. La razón de esto es simple: son personas de confianza y conocen bien quiénes somos, qué hacemos, y cómo lo hacemos. Si un miembro del equipo tiene una palabra profética para la iglesia, debe acercarse a mí durante el servicio y decirme la palabra. En ese punto, debo discernir si la palabra es para la iglesia o no y si debe ser compartida en cooperación con todo lo demás que está pasando. La mayoría de las veces, nos aseguramos que la palabra sea compartida porque queremos un mover profético en nuestra comunidad. Sin embargo, a veces tenemos demasiadas cosas ocurriendo durante el servicio, por lo que la compartimos la semana siguiente o hacemos espacio cortando otra cosa.

Si tu iglesia no tiene un protocolo para compartir profecías, entonces haz una cita con tu pastor y discute la importancia de este tema. Tú puedes ser la persona que ayude a desarrollar un elemento importante para la iglesia mientras humildemente trabajas junto con tu liderazgo.

2. Comparte palabras positivas con una actitud positiva

Me doy cuenta de cómo puede sonar esto, pero, sinceramente, las personas proféticas deben estar a favor de la iglesia y del liderazgo de la iglesia. El cuerpo de Cristo trabaja unido como un equipo. No hay dos agendas que compitan entre sí durante un servicio de la iglesia, y tenemos que ser conscientes de la condición de nuestros corazones mientras compartimos. No estoy diciendo que cada palabra profética será de felicidad, salud y riqueza. Sin embargo, la palabra típica hablada en una reunión congregacional debe ser edificante, alentadora, y consoladora (1 Co. 14:3). No puedo decirte cuántas veces he escuchado a alguien dar una palabra profética que era innecesariamente dura. La persona profética insegura podría alejarse pensando, "¡Si la gente estuviera conectada con Dios, habría recibido esa palabra!" No, el hecho es que las personas tuvieron un tiempo difícil con el mensaje porque el mensajero se escuchaba enojado o arrogante. Siempre me gusta llevar a la gente a pensar en compartir palabras proféticas como un buen padre le habla a sus hijos; después de todo, así es como Dios es con nosotros.

3. Comparte palabras de corrección, dirección o advertencia con el liderazgo

Creo que Dios da este tipo de palabras. También creo que Dios da este tipo de palabras a personas que no forman parte del liderazgo. Sin embargo, estas palabras deben ser compartidas de antemano con el liderazgo para discernir y orar. Si los líderes deciden que lo que se les ha compartido es profético para toda la iglesia, entonces ellos deben compartirlo con sabiduría en el momento adecuado. He sido testigo de cómo la gente profetiza a toda la iglesia sin tener en cuenta la visión en oración del liderazgo, lo cual es ignorante en el mejor de los casos y arrogante en el peor. Animo a cualquiera que tenga una palabra así, que la escriba y la envíe por correo electrónico a los líderes con una actitud humilde. Tu responsabilidad es llevar a los líderes las palabras que Dios te da; y la responsabilidad de ellos es determinar lo que es para la iglesia y cómo debe ser implementado.

4. Comparte la palabra profética de forma clara y concisa

Cuando damos una palabra profética congregacional, debemos asegurarnos que la palabra tenga sentido para nosotros antes de compartirla con otros. Enseño a la gente que está comenzando en este caminar profético, a escribir la palabra y leer a la iglesia lo que escribieron. Esto puede parecer una fórmula, pero definitivamente ayuda a la gente profética a desarrollar una claridad y brevedad en su ministerio que será apreciada por aquellos a quienes ministran.

Por alguna extraña razón, la gente tiende a cambiar su tono y terminología cuando dan una palabra profética congregacional. Este es mi mejor consejo: no lo hagas. No es necesario cambiar el vocabulario ni levantar la voz; habla como lo haces normalmente. Nuestras palabras deben abarcar la cultura de aquellos a quienes estamos alcanzando, evitando jerga potencialmente ofensiva, terminología cristiana, y lenguaje bíblico antiguo.

Además, creo que es importante simplemente dar la palabra sin comentarios o pensamientos adicionales. Si tienes un rol de liderazgo, entonces facilitar una respuesta a la palabra puede ser apropiado; de lo contrario, es mejor dejarlo en manos de los que dirigen el servicio. Los servicios de la iglesia tienen limitaciones de tiempo, y los otros pastores han pasado horas preparando sermones y tiempos de adoración, por lo que debemos tener esto en cuenta al compartir. Debemos proclamar nuestras palabras sin adornarlas ni exagerarlas. Debemos tratar de ser tan claros y concisos como sea posible e intentar no repetir lo que decimos, simplemente confiar en que la gente comprenderá lo que dijimos.

5. Pide retroalimentación

Puedo decir honestamente que no empecé pidiendo retroalimentación, pero desearía haberlo hecho, porque realmente ahora veo la sabiduría en ello. Déjame explicártelo así: la retroalimentación es tu amiga. Si el liderazgo o la iglesia sintieran ciertas cosas acerca de tu ministerio profético, ¿no te gustaría saberlo? Una de las mejores cosas que alguien hizo por mí fue llevarme a un lado y decir: "Oye Ben, no quiero ofenderte, pero no necesitas repetir lo que dices cuando profetizas". Cuando escuché eso, literalmente pensé, "Yo no repito lo que digo". ¡Qué equivocado estaba! Después de ese momento, realmente me centré en la retroalimentación con respecto a mis palabras proféticas, y a otros ministerios también. Por alguna razón, hay una regla implícita de que se supone que no debemos dar retroalimentación sobre las palabras proféticas que se pronuncian. Eso es una tontería. Pedir y compartir retroalimentación es la manera en que sopesamos las palabras que se pronuncian, lo cual es el modelo bíblico y debe ser practicado en cada área del ministerio profético (1 Ts. 5:19-21; 1 Co. 14:29-33).

Entregando una Palabra Profética Personal

Cuando tengas una palabra profética para un individuo, hay algunos principios diferentes que se aplican en contraste con una palabra congregacional. Además, hay una diferencia entre profetizar sobre un individuo en la iglesia y alguien en nuestra vida cotidiana. Aprendí lo siguiente a través de mi propio desarrollo, así como también ayudando a muchos otros a profetizar eficazmente. El orden de cada principio no es importante, pero el contenido ciertamente lo es.

1. Ora la palabra profética

No todos entienden completamente lo profético, así que puede ser útil si involucras a la gente en la oración antes de profetizar. Normalmente le pregunto a la persona: "¿Te importaría si oro por ti?" Normalmente, la respuesta es: "Claro, está bien". En ese punto, oro la palabra profética sobre la persona, junto con cualquier otra oración que venga a mi mente. Cuando termino de orar, suelo aprovechar la oportunidad para reiterar la palabra profética que oré y le hago saber a la persona que realmente percibí que Dios estaba obrando de esa manera en particular. Además, si no tienes una palabra profética o una comprensión completa de la palabra que piensas que recibiste, es mejor orar por la persona como una forma de recibir completamente de Dios antes de que le profetices.

2. Profetiza con claridad

El apóstol Pablo animó a la iglesia de Corinto a buscar el don de interpretación junto con el don de hablar en lenguas (1 Co. 14:8). Su premisa para hacer esto fue ayudar a la iglesia a considerar lo que los oyentes estaban recibiendo mientras ejercían sus dones. Creo que el mismo principio puede aplicarse a nuestras palabras proféticas. Debemos considerar lo que la gente está escuchando cuando profetizamos. ¿Nos entienden? ¿Es confuso o claro lo que estoy diciendo? ¿Entiendo lo que yo estoy diciendo? El hecho es que cuanto más claros somos con nuestras palabras proféticas, más fácil es para una persona recibirlas.

3. Profetiza con amor

Cuando profetices, es importante hablarle a la gente de manera honorable. Recuerda que Jesús nos enseñó a tratar a otros como queremos que nos traten a nosotros (Lc. 6:31). Esto debe aplicarse también a lo profético; profetiza a la gente de la manera en que quisieras que te profetizaran a ti. Pregúntales su nombre, míralos a los ojos, y asegúrate de hablar con ellos de una manera amorosa. Si tienes alguna palabra difícil, manéjala con el mayor cuidado, recordando que Dios los ama a ellos profundamente así como Él te ama a ti.

4. Profetiza con la Escritura

Cuando profetices, considera los pasajes de las Escrituras que pueden correlacionarse con tu profecía y compártelos siempre que sea posible. Yo uso el ministerio profético para atraer a la gente de regreso a la Palabra de Dios porque es nuestra autoridad máxima mientras seguimos a Jesús. De hecho, todas las palabras proféticas tienen al menos una conexión principal con la Biblia, así que cuanto más la usemos, mucho mejor.

5. Profetiza con humildad

La manera en que involucramos a la gente con una palabra profética importa. Un profeta experimentado puede ser capaz de hablar de forma más directa y con más autoridad, pero si eso no es lo que eres, entonces busca presentarte con humildad. Por ejemplo, si tienes un sentir acerca del hermano de una persona, pero no sabes si esa persona tiene un hermano, debes preguntarle, "¿Tienes un hermano?" en lugar de decirle, "Veo a Dios moviéndose específicamente en la vida de tu hermano!" No estoy sugiriendo que este enfoque sea orgulloso, pero no te dejará bien parado si estás equivocado. Si preguntas por su hermano y la persona te responde que no tiene un hermano, puedes fácilmente redirigir la conversación en lugar de tratar de salir de una situación más difícil.

Cuando profetizo, me encanta hacer preguntas como parte de mi ministerio. Hago preguntas como: "¿Alguna vez viviste en otro país?" o "¿El nombre Heather significa algo para ti?" e incluso tal vez, "¿Has estado orando por un área específica de educación?" Hacer varias preguntas mientras profetizas puede hacer una gran diferencia, y realmente es una forma de presentarte de una manera humilde, lo cual hace más fácil que las personas se involucren.

6. Profetiza con un lenguaje normal

Tenemos que recordar que funcionamos como traductores. Dios descargará una palabra profética en nuestro corazón y trabajará con nosotros para traducir esa palabra en una profecía clara y comprensible. Incluso si estás hablando con un cristiano, nunca se sabe si realmente entiende el lenguaje de la cultura de la iglesia. Piensa por un momento en todas las palabras eclesiásticas o religiosas que usamos regularmente; palabras como podar, santificación, temporada, avance, favor, unción, salvación, etc. Realmente creo que necesitamos dar grandes pasos en el área del lenguaje si queremos ser más eficaces en el mundo en que vivimos. La mayoría de las palabras que usamos son descripciones, no definiciones, lo que significa que no son santas en sí mismas. Encuentra una manera de decir algo en lenguaje normal para que las personas realmente puedan entender y aceptar lo que estás diciendo.

7. Profetiza con exactitud

Es muy importante que nos mantengamos fieles a la palabra que hemos recibido. No fabriques nada para producir algún tipo de efecto o para hacerlo más grande de lo que realmente es. Al mismo tiempo no necesitas menospreciar la palabra diciendo, "Sé que ya sabes esto", o "Sé que esto es simple", etc. Dios es el dador de la revelación; nosotros solo somos los mensajeros. Si recibes una impresión, di, "Recibí una impresión". Si recibiste una visión, di, "Recibí una imagen". ¡Todo lo que tenemos que hacer es simplemente transmitir lo que oímos de Dios!

8. Profetiza con fe

Una vez, le di una palabra profética a alguien frente a una gran multitud, y la persona que recibió la palabra dijo, justo en frente de todo el mundo, que no era exacta. Esa persona estaba con un amigo que me buscó después de la reunión y me dijo que la palabra profética había dado en el blanco. Aunque me alegró saber que la palabra fue precisa, me desanimó el hecho de que cientos de personas pensaran que lo eché todo a perder. La siguiente vez que profeticé frente a una gran multitud, requerí aún más fe que antes y Dios, en Su gracia, me la dio. Desearía poder decir que esta historia fue la única vez que algo como esto sucedió, pero no es el caso. La verdad es que he profetizado al menos a una docena de personas que me dijeron literalmente que la palabra que compartí no era exacta, solo para descubrir más adelante que sí lo era. Además, yo he cometido algunos errores a lo largo del camino también, que pueden ser muy desalentadores.

Aprender a profetizar requiere una porción considerable de fe. Ya sea que seas nuevo en esto o que hayas estado profetizando por mucho tiempo, debemos continuar creciendo

Sé valiente y pídele fe a Dios al dar el paso, porque el potencial de una palabra profética es más importante que la posibilidad de un momento embarazoso.

en fe expectantes de lo que Dios va a hacer. Sé valiente y pídele fe a Dios al dar el paso, porque *el potencial de una palabra profética es más importante que la posibilidad de un momento embarazoso.*

9. Profetiza siendo responsable por la palabra que compartes

Cuando profetices, asegúrate de dejar espacio para que la persona ore por la palabra que está recibiendo. Si dices, "Dios me dijo que te dijera", realmente no hay nada más que decir. Hacer esto pone a la otra persona en una posición muy difícil de sentir que no hay libertad para hacer preguntas o dar retroalimentación. Animo a la gente a que se mantenga alejada de usar lenguaje definitivo porque la Biblia enseña que cada palabra debe ser examinada en oración (1 Ts. 5:19-21; 1 Co. 14:29-33).

Capítulo 11

Creciendo en lo Profético

Cuando nuestros hijos eran pequeños, los llevábamos al pediatra cada cierto tiempo para sus chequeos regulares. El doctor tenía un sistema de medidas específico para evaluar el desarrollo de los niños, un sistema de percentiles que medía el crecimiento de cada uno de los niños en sus respectivas etapas en comparación con otros niños. Un informe típico diría algo así: "Su hija está en el percentil 20 de peso y el percentil 30 de altura". Durante mucho tiempo nuestros hijos estuvieron en los percentiles más bajos en ambas categorías, lo que nos preocupó al principio porque éramos padres jóvenes. Con el paso del tiempo, sin embargo, nos volvimos cada vez menos preocupados porque, lento pero seguro, los niños comenzaron a crecer.

¿Por qué estaba preocupado? Bueno, estaba preocupado porque es una expectativa común y normal que los niños crezcan físicamente. Según el sistema métrico comparativo, mis hijos no estaban creciendo al ritmo de otros niños, y eso me ponía nervioso. Todos esperamos el crecimiento físico porque nuestros cuerpos están diseñados para ello. Sería anormal que un niño no crezca, y todos nos preguntaríamos qué estaría mal. ¿Pensamos de la misma manera cuando se trata de nuestro crecimiento espiritual? ¡Ciertamente creo que deberíamos!

Cuando nos convertimos a Cristo, la Biblia dice que nacemos de nuevo (Jn. 3:3). Esto es más que una buena analogía. Cuando damos nuestras vidas a Jesús, estamos inmersos en una vida completamente nueva con un nuevo corazón, una nueva mente y una nueva naturaleza (2 Co. 5:17). Aunque Dios nos ha dado todo lo que necesitamos para la vida y la piedad (2 P. 1:3), todavía tenemos que crecer en madurez espiritual. Estamos creciendo en conocimiento, gracia, discernimiento, sabiduría, amor y fe (2 P. 3:18; 1 P. 2:2; Ef. 4:15; 2 Co. 10:15). Además, el llamado de un discípulo es hacer discípulos, lo que esencialmente significa que nos ayudamos unos a otros a crecer en Cristo (Mt. 28:18-20).

Nuestra necesidad de crecimiento es una realidad espiritual diaria, e incluye el área de los dones espirituales. Cuando el apóstol Pablo se dirigió a la iglesia de Corinto con respecto a su mal uso de la profecía, esencialmente estaba diciéndoles que necesitaban crecer en su conocimiento de cómo operar en la profecía (1 Co. 14). Cuando empecé a profetizar, cometí muchos errores, desde malinterpretar la revelación hasta compartir palabras en el momento equivocado y la forma equivocada. Quería crecer proféticamente, pero no sabía cómo hacerlo… tampoco nadie trazó el camino para mí.

El discipulado incluye la arena de lo profético, razón por la cual la Biblia habla de ello y por la que estás leyendo este libro. Sin embargo, si realmente vamos a crecer proféticamente, sería bueno tener un tipo de mapa y ruta para ayudarnos a navegar hacia la madurez. Además de lo que ya he compartido en capítulos anteriores, los siguientes principios deberían ayudar a cualquier persona que esté en la búsqueda de crecer más allá de su nivel actual.

Creciendo a través del Hambre

Cuando estamos físicamente hambrientos, nuestro cuerpo le dice a nuestro cerebro que necesitamos comer. Los retorcijones de hambre de forma regular son normales porque nuestro cuerpo no solo quiere comida, la necesita. El hambre física es el deseo humano más fuerte, lo que explica por qué la Biblia lo usa muchas veces como metáfora o paralelo para el deseo espiritual.

El apóstol Pablo instó a la iglesia de Corinto a "ambicionar" (o, en inglés, "desear ansiosamente" o "con entusiasmo") el don de la profecía (1 Co. 14:1). ¿Deseas profetizar? ¿Ambicionas mucho profetizar? ¿Tienes hambre espiritual de recibir palabras de Dios y compartirlas con la gente? Si vamos a crecer proféticamente, necesitamos este tipo de hambre para obligarnos a ir tras ese crecimiento.

Una de las formas de cultivar el hambre para profetizar, es pidiéndoselo al Espíritu Santo. Esta hambre de la que estoy hablando no es provocada por el hombre ni es algo que podamos producir nosotros mismos. Necesitamos que el Espíritu Santo nos imparta ese deseo, y permíteme asegurarte que Él absolutamente lo hará. ¡Solo tienes que pedírselo! No solo pido al Espíritu Santo este deseo, sino que también le pido un nivel más alto del don profético. No buscamos esto por el reconocimiento de la gente, para sentirnos espirituales con nosotros mismos, o para obtener algún tipo de poder, sino para ser alimentados por el amor de Dios para facilitar a otros un encuentro con Dios. Cuando sabes el potencial que una palabra profética puede traer a la vida de alguien, es una respuesta amorosa de tu parte desear ansiosamente que Dios la libere a través de ti.

Cuando sabes el potencial que una palabra profética puede traer a la vida de alguien, es una respuesta amorosa de tu parte desear ansiosamente que Dios la libere a través de ti.

Otra forma de cultivar el hambre de profetizar es acercarte a las personas que profetizan. Cuando veo a estas personas ministrar de manera profética y veo el efecto poderoso que esto tiene en la vida de otros, me hace desearlo aún más. Tengo varios amigos proféticos, y cuanto más tiempo paso con ellos y veo el fruto de su ministerio, más deseo buscar a Dios para que me use de la misma manera. Realmente nos "pulimos" unos a otros y nos animamos mutuamente a no descuidar el don que se nos ha dado (1 Ti. 4:14). Nuestra hambre de que Dios nos use está absolutamente conectada con nuestro crecimiento porque sostiene el impulso que es necesario para seguir adelante, lo cual causa que sigamos creciendo.

Creciendo a través de la Pureza

El don profético puede ser una función, pero está conectado a una relación. Es posible buscar el don de una manera que viole nuestra relación con el Señor, lo cual es inaceptable. Nuestra búsqueda para crecer proféticamente está directamente relacionada con la pureza de nuestro corazón. Un corazón impuro literalmente causará que nuestras palabras proféticas se desvíen porque, en lugar de querer darle un regalo a alguien, estaremos buscando algo de ellos.

Aquellos que ministran proféticamente deben cultivar un corazón puro ante el Señor, o con toda seguridad serán influenciados por el temor al hombre o el amor a sí mismos. Este tipo de corrupción es la raíz de un falso profeta en formación, incluso si el ministerio de esa persona comenzó bien. He visto a algunas de las personas con más dones proféticos caer más duro porque separaron su función profética de un corazón puro ante Dios.

El apóstol Pablo le dijo a su hijo en la fe, Timoteo, que aquellos que desean ser usados como un vaso de honra, deben limpiarse de la contaminación e invocar a Dios con un corazón puro:

> *En una casa grande no solo hay vasos de oro y de plata, sino también de madera y de barro, unos para los usos más nobles y otros para los usos más bajos. Si alguien se mantiene limpio, llegará a ser un vaso noble, santificado, útil para el Señor y preparado para toda obra buena. Huye de las malas pasiones de la juventud, y esmérate en seguir la justicia, la fe, el amor y la paz, junto con los que invocan al Señor con un corazón limpio* (2 Ti. 2:20-22).

Necesitamos guardar nuestros corazones con toda diligencia (Pr. 4:23), lo que significa que debemos estar de pie vigilando en la puerta de entrada de nuestra alma. ¿Qué estamos viendo? ¿Qué estamos escuchando? ¿Qué estamos leyendo? ¿Qué conversaciones estamos teniendo con la gente? ¿A quiénes les permitimos que influyan y hablen a nuestro corazón? Ser una voz profética del Señor significa que reservamos nuestra alma como un lugar al cual y a través del cual Dios puede hablar, así que no podemos permitir que la basura del mundo nos influya.

Si necesitaras enviar información importante a otra persona, ¿a quién le pedirías que la entregara? ¿No elegirías a la persona más confiable que conoces? Claro que sí. Si vamos a ser portavoces proféticos de Dios para las personas por las que Él dio Su vida, más nos vale que seamos aquellos que verdaderamente rendimos nuestros corazones ante Él con total abandono. ¡El don está conectado a una relación, lo que significa que crecer en lo profético debe ser congruente con el desarrollo de nuestro carácter y nuestra madurez espiritual!

Creciendo a través de la Mentoría

Cuando comencé en el ministerio profético, literalmente no tenía a nadie en mi vida que me ayudara a crecer proféticamente. Tuve personas que me ayudaron a crecer en muchas otras áreas, pero no en esta. Lo que aprendí es que la mentoría se presenta de muchas formas. Conduje por todo el estado y volé por todo el país para asistir a reuniones, seminarios y conferencias proféticas. Leí docenas de libros, escuché cientos de enseñanzas, y vi muchas horas de clases sobre el ministerio profético. Incluso traté de aprender la perspectiva que está completamente en contra de lo que estoy enseñando en este libro. Todos estos recursos me guiaron y realmente me ayudaron a crecer. Si tomas en serio el crecimiento profético, entonces te insto a leer, escuchar, observar, y extraer todo lo que puedas. Esta es una forma de mentoría que está disponible para nuestra generación y que debemos aprovechar al máximo.

Cuando vas al gimnasio, siempre puedes ver a las personas que claramente no saben lo que están haciendo. No me malinterpretes; ciertamente no soy un entrenador profesional, pero sé por qué estoy allí y sé qué estoy haciendo cuando estoy allí. Pero la única razón por la que yo *sí* sé lo que estoy haciendo, es porque varias personas me enseñaron. ¿Cuál sería el propósito de hacer ejercicio si no fuera efectivo? El impulso y la disciplina para ir consistentemente al gimnasio es importante, pero aun así necesitas a alguien que te enseñe las repeticiones, las series, la técnica y la resistencia. Lo mismo ocurre con el ministerio profético. En mi opinión, las personas que sobresalen proféticamente no son las más dotadas, sino las que son más enseñables.

En mi opinión, las personas que sobresalen proféticamente no son las más dotadas, sino las que son más enseñables.

Si bien los recursos fueron útiles, al final llegó un punto en el que necesitaba desarrollar una relación con alguien que hubiese cultivado su don profético más allá de lo que yo sabía. Para ser realmente honesto, estaba esperando que la gente apareciera y me persiguiera, pero no funciona así. Tuve que asumir la responsabilidad de mi propio discipulado al buscar personas que llevaban algo en el Señor de lo que yo pudiera aprender. Hasta el día de hoy, todavía hablo y paso tiempo regularmente con personas cuyas voces dan forma y pulen mi vida. Algunas de estas personas fueron las mismas que me abrieron las puertas para ministrar más allá de mi propia influencia, lo que catalizó un crecimiento exponencial a lo largo del camino. ¿Tienes personas proféticas en tu vida que tienen un crecimiento mayor que el tuyo? ¿Has buscado a alguien de quien puedas aprender personalmente? Permíteme animarte a ser un iniciador a medida que buscas relaciones de mentoría. No te rindas si la gente no responde inicialmente, porque eventualmente lo hará.

Además de esto, debo admitir que es difícil crecer cuando no estás conectado a un entorno que comprende, practica y persigue los dones del Espíritu. El hecho es que las naranjas no crecen en Seattle, Washington, pero sí crecen en Orlando, Florida. Algunos entornos simplemente no son propicios para que crezcan tipos específicos de fruta, y lo mismo ocurre con el don profético. Nunca le diría a alguien que dejara su iglesia a menos que existieran situaciones de abuso, pero eso no significa que no debas tener una conexión con un lugar que desarrolla lo profético. Soy anfitrión de muchas reuniones en mi iglesia local que dan la bienvenida y acomodan a personas de otras iglesias sin ninguna presión para que se queden entre nosotros. Hacemos esto para honrar a las iglesias y a los líderes en nuestra área, así como a las personas que necesitan crecer proféticamente pero que no deberían tener que cambiar de iglesia para hacerlo. Si tu iglesia no cultiva el don profético, entonces encuentra un lugar donde puedas conectarte que te ayude a crecer, sin que te requiera cambiar de equipo.

Creciendo a través del Fracaso

Una de las principales preguntas que me hacen con respecto a lo profético es, "¿Qué pasa si me equivoco cuando profetice?" Es una gran pregunta. Ya que nuestro objetivo al profetizar es entregar una palabra del Señor, la precisión es muy importante para todos nosotros. En nuestro deseo de precisión, debemos tener en cuenta el proceso de nuestro desarrollo, o perderemos totalmente la realidad de cómo crecemos. Sin una teología para el crecimiento terminaremos con un miedo paralizante que nos detendrá incluso antes de intentarlo.

Desde un punto de vista de las Escrituras es difícil encontrar buenos ejemplos donde la gente fracasó proféticamente. Podríamos, potencialmente, observar la historia de Jonás, quien pasó por la ciudad de Nínive, profetizando su destrucción dentro de cuarenta días (Jon. 3:1-4). Después de que Jonás dijo esto, el pueblo de Nínive se arrepintió, y su ciudad no fue destruida, lo cual no se mencionó en ninguna parte de la profecía de Jonás. También podríamos observar el momento en que el Rey David le dijo al profeta Natán que quería construir una casa para el Señor, y Natán le dijo, "—Bien —respondió Natán—. Haga Su Majestad lo que su corazón le dicte, pues el Señor está con usted" (2 S. 7:3). No mucho después de que Natán dijera esto, el Señor le ordenó que volviera a David y le dijera exactamente lo contrario. También, podríamos examinar el caso del profeta Ágabo, quien podría haber estado un poco fuera de lugar en los detalles cuando le dio una palabra profética al apóstol Pablo (Hch. 21:10-14). Todos estos ejemplos aluden a algún tipo de error, pero es difícil verificar exactamente lo que pasó. Lo que sí sabemos con certeza es que los errores ocurren hoy en día, y también ocurrieron con las personas sobre las que leemos en la Biblia.

Hace muchos años, trabajé en el departamento de contabilidad de una empresa que fabricaba chimeneas. La precisión era probablemente el principio más importante en nuestro departamento porque trabajamos con todas las cuentas por cobrar, cuentas por pagar, financiamiento y los pagos. Un error en la contabilidad podría ser devastador en muchos aspectos. Sin embargo, nosotros cometimos muchos errores debido a equivocaciones en la entrada de datos, falta de comunicación y fallas técnicas. Teníamos un dicho en nuestro departamento: "Mientras no salga de la oficina, no es un error". El punto del dicho no era negar los errores, sino más bien reconocer que cada error podía corregirse a menos que saliera de nuestra oficina. Una vez que un error salía de nuestra oficina, todavía podía ser arreglado, pero solo después de costarle al cliente o a la empresa una cantidad de dinero considerable. Trabajamos duro para no cometer errores, pero trabajamos aún más duro para remediar los errores cuando ocurrían. La pregunta no es: "¿Cómo evitamos el fracaso?" sino, "¿Cómo navegamos a través del fracaso y aprendemos de él?"

Ya he mencionado algunas de estas cosas en el capítulo 6, pero permíteme tomarme un momento para aclarar la diferencia entre cometer un error y engañar intencionalmente a otros a través de profecías falsas. Digamos que yo fui a la tienda y pagué mis compras con un billete falso. ¿Habría alguna diferencia si supiera si el billete es falso o no? ¡Tienes toda la razón! Si usé intencionalmente el billete falso, entonces yo voluntariamente cometí un crimen y, si me atrapan, lo más probable es que iría a la cárcel. Por otro lado, si no hubiese sido consciente de que el billete era falso y me hubiesen atrapado, solo sería responsable de explicar dónde obtuve el billete falso. Un falso profeta, voluntaria y conscientemente, da palabras falsas para engañar a la gente. Eso no es lo mismo a que alguien dé una profecía que no es exacta pero que pensaba que lo era. Todavía necesitamos lidiar con el fracaso y superarlo, pero no podemos tratarlo de la misma manera que una profecía falsa de un falso profeta. Esto significa que debemos comenzar esta conversación teniendo en cuenta la realidad de que el fracaso ocurrirá, y podemos solucionarlo cuando suceda.

> **Un falso profeta, voluntaria y conscientemente, da palabras falsas para engañar a la gente. Eso no es lo mismo a que alguien dé una profecía que no es exacta pero que pensaba que lo era.**

Una vez, durante una de nuestras conferencias, estaba profetizando a la gente desde el escenario. A mi izquierda, vi a un hombre y una mujer parados juntos e hice la suposición de que estaban casados. No me preguntes por qué hice esto, pero se pone peor. Empecé a profetizar sobre ellos como pareja, y cuanto más tiempo hablé, más sonrisas vi de la gente a su alrededor. ¿Adivina qué? Ellos no estaban casados, ni siquiera estaban juntos, y uno de ellos estaba en una relación con alguien más. Ambos individuos vinieron con el mismo grupo de una iglesia local de nuestra zona, y esta fue su primera visita a nuestra iglesia. Lo arruiné y estaba completamente avergonzado. Ni siquiera sé cómo sucedió, para ser honesto contigo. Ese momento se convirtió en una gran broma para los siguientes meses, y estoy seguro de que esos individuos no olvidarán fácilmente esa noche vergonzosa.

Lo primero que tuve que hacer fue *reconocer* el hecho de que había cometido un error. Me disculpé con las dos personas involucradas y con su pastor. Aquí hay un principio simple: si *cometes un error*, entonces debes *disculparte*. He visto personas que han cometido un error al compartir una palabra profética, pero en vez de disculparse, tratan de "girar" la palabra solo para cubrir el hecho de que realmente lo arruinaron. Si no puedes reconocer el fracaso, no puedes crecer a partir del fracaso. El fracaso nos proporciona una oportunidad para humillarnos e inclinarnos a Dios, y aprender de nuestros errores para que seamos mejores la próxima vez. Para mí, ahora, casi cada vez que voy a profetizar sobre un hombre y una mujer que se encuentran uno al lado del otro, hago esta pregunta: "¿Están juntos?" Adivina qué. Nunca he cometido ese error nuevamente, probablemente evitando un puñado de fracasos adicionales a partir de esa dura lección. Nadie quiere fallar, pero la realidad es que lo harás. Bien puedes crecer a través de los fracasos de tu pasado, o quedarte atascado en la fantasía de la perfección.

Creciendo a través del Rechazo

Uno de los factores más importantes relacionados con el crecimiento en lo profético es cómo manejamos el rechazo. Tenemos que tomar una decisión antes de que siquiera ocurra algo: ¿Solo pasaremos a través de él o creceremos a través de él? No puedes detener el rechazo que *vendrá*, pero puedes elegir responder de una manera que se parezca a Jesús. Me encantaría decirte que todo el mundo te dará la bienvenida y aceptará tu don profético, pero la verdad es que habrá momentos en los que te sentirás más tolerado que celebrado.

Jesús enseñó a Sus discípulos a preparar sus corazones para ser malinterpretados, difamados, perseguidos y rechazados. Usó a los profetas de antaño como ejemplo de aquellos que soportaron tal trato debido a su ministerio:

> *Dichosos serán ustedes cuando por mi causa la gente los insulte, los persiga y levante contra ustedes toda clase de calumnias. Alégrense y llénense de júbilo, porque les espera una gran recompensa en el cielo. Así también persiguieron a los profetas que los precedieron a ustedes* (Mt. 5:11-12).

¿Cómo te regocijas cuando eres rechazado? Jesús, en este pasaje, nos ayuda a comprender cómo es posible, y se trata de tener la perspectiva correcta. Primero, no estamos solos. Los profetas, los apóstoles, y los discípulos de todo tipo han sido rechazados por su propia familia, iglesias y comunidades vecinas. En segundo lugar, si nuestro ministerio es puro, entonces nuestra recompensa en el cielo es grande. ¿Tenemos una perspectiva eterna? ¿Realmente estamos haciendo esto para el Señor, o queremos la alabanza de los hombres? Si buscas la aprobación humana, no podrás perseverar en el ministerio profético, ni en ningún otro ministerio, de hecho (Gá. 1:10).

El rechazo es parte del proceso, pero debemos asegurarnos de que cualquier rechazo que recibamos no se deba a nuestras propias acciones. He visto a muchos con un complejo de mártir que literalmente trajeron críticas y controversias sobre sí mismos. Si dices o haces algo que no deberías, debes reconocerlo, humillarte y corregirlo. No puedes ser duro, raro, inexacto o exigente y pretender ser aceptado en el cuerpo de Cristo. La humildad es muy importante, y debemos asegurarnos de que cualquier sufrimiento que soportemos sea justo y no autoinfligido (1 P. 3:13-17).

El rechazo va en contra del don profético por muchas razones, pero no puedes permitirte tomarlo como algo personal. Incluso mientras digo esto, todavía necesito escucharlo. Entonces, ¿por qué rechaza la gente el llamado y el don profético entre nosotros? Bueno, aquí hay una breve lista, para empezar:

- Lo profético a menudo puede arrojar luz sobre el pecado o la oscuridad.

- Lo profético puede decir lo que la gente no quiere oír.

- Lo profético puede ser impredecible y por lo tanto incontrolable.

- Lo profético expone la obra de los demonios, a lo que responden con mentiras y acusaciones.

- Lo profético le recuerda a la gente que estamos siguiendo a Jesús y potencialmente podría traer culpa a aquellos que no oran o esperan el consejo del Señor en sus vidas.

- Lo profético puede amenazar el status quo o las tradiciones religiosas.

Hay una guerra adjunta a este ministerio, y necesitas estar preparado para ello. Al mismo tiempo, debemos entender completamente que nuestra lucha no es contra sangre y carne, es decir, no es contra seres humanos, por lo que no se nos permite demonizar a la gente cuando nos rechaza (Ef. 6:12). Si estás siendo rechazado, entonces ora, bendice y ama a aquellos que están en contra tuya. A veces, cuando profetizo, soy muy consciente de que un puñado de personas que están escuchando preferirían que nunca dijera nada. Esto no hace las cosas fáciles, pero mientras lo proceso con el Señor, Él siempre me llama a manifestar el carácter de Cristo, no importa lo que pase.

El apóstol Pablo habló de "participar en Sus sufrimientos" (Fil. 3:10), que, en mi opinión, incluye el rechazo. Hay una comunión poderosa con Cristo que experimentamos cuando nos acercamos a Él en medio de nuestro rechazo. En ese lugar, Su aprobación y aceptación es todo lo que importa, que es realmente la verdad principal que te mantiene avanzando como persona profética. El crecimiento que surge del otro lado de nuestra comunión con Jesús no tiene precio y no puede ser reemplazado por ninguna otra cosa.

Creciendo a través de Atreverse

Como ya sabes, pasé muchos años entrenando a la gente para que escuchara de Dios y diera palabras proféticas. Sin embargo, descubrí que a demasiados de los que fueron capacitados nunca se les permitió salir del edificio, lo que, en consecuencia, retrasó su crecimiento. Cuando comenzamos a aprender a profetizar, normalmente lo hacemos en el contexto del edificio de la iglesia. Si estamos bien capacitados, nuestro ministerio puede ir más allá de esas reuniones hasta nuestro hogar, grupos pequeños y círculos de confianza. Aunque esto es bueno, no podemos permitir que se detenga allí. Debemos buscar integrar el don profético en cada área de nuestra vida, que incluye el supermercado, los restaurantes, nuestro lugar de trabajo, y más allá.

¿Puedes recordar haber tenido un teléfono alámbrico en casa con el cable largo? Si querías hablar en tu habitación, tenías que conseguir un cable todavía más largo para que fuera posible. Cuando la tecnología avanzó, pasamos del teléfono alámbrico al teléfono inalámbrico. De hecho, han habido varias actualizaciones de teléfonos inalámbricos donde ahora probablemente puedas hablar por el teléfono de tu casa en la casa de un vecino con una conexión perfecta. Nuestros teléfonos fijos inalámbricos son geniales, pero no se comparan a tener un teléfono celular. Los teléfonos celulares nos permiten hablar con la gente en todas partes y en cualquier lugar. Esta progresión de la tecnología telefónica es una buena metáfora de lo que debemos buscar en nuestro desarrollo profético. El teléfono residencial alámbrico es similar a poder escuchar a Dios y profetizar en el edificio de la iglesia. El teléfono inalámbrico es similar a poder escuchar a Dios y profetizar en nuestros círculos de confianza más allá del edificio de la iglesia. Sin embargo, nuestro objetivo es "avanzar al teléfono celular" con el don profético, en el que podemos escuchar a Dios y profetizar a cualquiera en cualquier lugar.

Jesús no estaba restringido por las paredes de la sinagoga en ninguno de sus esfuerzos ministeriales. El modelo y ministerio de Jesús fue que Él hizo lo que Él vio hacer al Padre y dijo lo que el Padre le dijo que dijera (Jn. 5:19). Esta debería ser nuestra meta a medida que crecemos en el ministerio profético. Dios quiere hablar a través de nosotros en cada esfera de la sociedad, y no podemos permitir mentalidades que confinen nuestra actividad profética a los lugares seguros de los edificios de nuestra iglesia.

Dios quiere hablar a través de nosotros en cada esfera de la sociedad, y no podemos permitir mentalidades que confinen nuestra actividad profética a los lugares seguros de los edificios de nuestra iglesia.

Hablando en términos prácticos, permíteme animarte a hacer algunas cosas muy importantes a medida que creces a través de atreverte en situaciones fuera de tu zona de comodidad.

1. Profetiza cada día

Una de mis metas personales al recibir la amonestación del apóstol Pablo es ejercer mi don de profecía todos los días (Ro. 12:6). Esto no es una cuota que tenga que cumplir o una tarjeta de puntuación diaria, sino un recordatorio de que Dios me ha dado algo para darlo, y necesito ser intencional si quiero que eso sea mi realidad. Cuando te despiertes en la mañana y pases tiempo con el Señor, pídele palabras proféticas para la gente con la que tengas contacto ese día, y, con expectativa, está atento a las personas con las que Dios quiere que hables.

2. Mantente disponible

La mayoría de las personas tienen horarios completos y viven constantemente sobre la marcha. Esa es simplemente la realidad en la que todos vivimos. Sin embargo, si vamos a crecer en lo profético al atrevernos en nuestra vida diaria, tenemos que estar disponibles para el Espíritu Santo. Podemos hacerlo invitando al Espíritu Santo a los momentos cotidianos de nuestro día. Por ejemplo, cuando empieces a pensar en alguien mientras conduces, ora por esa persona y pide al Espíritu Santo una palabra profética. Cuando envíes mensajes de texto a un familiar o amigo, pídele al Espíritu Santo una palabra para enviarle. Cuando estés en reuniones sentado junto a personas que no conoces, pídele al Espíritu Santo una palabra. Estar disponibles significa que, a lo largo del día, estamos conscientes de que Dios quiere moverse en nosotros y a través de nosotros más allá de las pequeñeces de nuestras tareas diarias.

3. Toma riesgos

Atreverse en lo profético significa que tenemos que tomar algunos riesgos. Yo he tomado muchos riesgos, y, en su mayor parte, no me arrepiento de ninguno de ellos incluso cuando fui rechazado. Lo que sí lamento es no haberme atrevido en ciertos momentos, porque fueron oportunidades perdidas que podrían haber sido momentos proféticos poderosos. Los testimonios asombrosos que nos inspiran y desafían siempre están al otro lado de nuestra obediencia. He profetizado a la gente en escuelas, cafeterías, aeropuertos, partidos de béisbol, e incluso en las aceras mientras caminaba por mi vecindario. Después de experimentar tantos momentos increíbles, me he dado cuenta de que lo que una vez pensaba que era un riesgo, en realidad era una invitación para asociarme con el Espíritu Santo. Debe llegar un punto en el que nos demos cuenta que, para crecer, tenemos que atrevernos más allá de lo que ya conocemos.

Capítulo 12

Desarrollando una Iglesia Profética

Uno de los grandes privilegios que he tenido en la vida es la oportunidad de viajar bastante y ministrar junto a varias iglesias locales. Me encanta visitar nuevas iglesias, conocer nuevas personas y observar la diversidad en todo el cuerpo de Cristo. Considero un gran honor poder hacer lo que hago. Las iglesias me invitan a hacer varias cosas: predicar, dirigir retiros, organizar seminarios, hacer conferencias, o profetizar durante una noche de oración. Probablemente soy más conocido por mi ministerio profético, así que casi todas las invitaciones que recibo vienen con la expectativa de que profetizaré a la iglesia o a las personas.

No me malinterpretes, me encanta profetizar, pero algo que me encanta aún más es ayudar a desarrollar iglesias proféticas que ejerzan el don de forma regular. Cuando era más joven, me sentía contento haciendo la mayoría del ministerio yo solo, pero a lo largo de los años me he dado cuenta de la importancia de equipar a toda la iglesia para caminar en una mayor plenitud. Si una iglesia tuviera 300 personas y yo pasara unos días con ellos, probablemente podría darle una palabra profética a 30 personas diferentes. Como puedes ver, eso es solo el 10% de la gente, y normalmente solo hago visitas una vez al año, si puedo. Sin embargo, si pudiera equipar a 30 personas para que pudieran dar 10 palabras proféticas a lo largo del año, entonces el 100% de la iglesia recibiría del don profético. Yendo más allá, ¿qué pasaría si pudiera equipar a 300 personas para dar 10 palabras proféticas a lo largo del año? El fruto obvio de este tipo de equipamiento es lo que inspira mi visión de desarrollar iglesias proféticas, y no solo unas pocas personas proféticas.

Cuando equipamos a toda la iglesia para ministrar, no solo logramos más, sino que también activamos a todos para que sean hacedores de la Palabra al mismo tiempo (Stg. 1:22-25). ¡El deseo de mi corazón es que todo el pueblo de Dios escuche Su voz y profetice! Para que esto suceda realmente, debemos desarrollar iglesias proféticas que tengan la visión de inspirar e instruir una cultura por escuchar y prestar atención a la voz de Dios. ¿Queremos un evento profético, o una iglesia profética? ¿Queremos unas pocas personas dotadas, o queremos que toda la iglesia esté entrenada para escuchar la voz de Dios y profetizar? Si queremos una iglesia profética, debemos dar los pasos necesarios para ir más allá de donde estamos con valentía y claridad.

> **Cuando equipamos a toda la iglesia para ministrar, no solo logramos más, sino que también activamos a todos para que sean hacedores de la Palabra al mismo tiempo (Stg. 1:22-25).**

No soy simplemente un defensor del ministerio profético; creo de todo corazón que cada iglesia debe desarrollarse para continuar con todo el ministerio de Jesús. Mientras nos enfocamos en desarrollar una iglesia profética, creo que realmente estamos diciendo que el discipulado se trata de equipar a toda la iglesia para hacer la obra del ministerio, en lugar de solo unos pocos "especiales" (Ef. 4:11-16). El apóstol Pablo le dijo a *toda* la iglesia de Corinto que ambicione (desee ansiosamente o con entusiasmo) lo profético debido al beneficio que recibe *toda* la iglesia (1 Co. 14:1). Desarrollar una iglesia profética significa que trasladamos el don de la profecía de una novedad a la normalidad.

Muchos libros se centran en animar individuos proféticos en lugar del desarrollo de iglesias proféticas. En este libro, quería de alguna manera hacer ambas cosas. Si eres líder, quiero animarte a captar la visión para el desarrollo de una iglesia profética. Si no eres líder, espero que al leer este libro captes la visión de cómo podrías ayudar a tu iglesia local a construir un ministerio profético que toque y capacite a todo el mundo.

Construye un Equipo Profético

Uno de los primeros pasos en el desarrollo de una iglesia profética es construir un equipo. Nunca pensé en esto en mis primeros días de ministerio, ni nunca escuché algo parecido de otra persona. Sin embargo, he llegado a ver la sabiduría de conformar un equipo con el fin de crear un espacio y lugar para que el don profético beneficie a toda la iglesia.

Desarrollar un equipo profético es bueno por muchas razones, pero el propósito principal es discipular a aquellos en la iglesia que tienen dones proféticos. La mayoría de las iglesias tienen un puñado de personas proféticas, y nuestro trabajo es ayudar a identificar quiénes son e invitarlos a una comunidad donde puedan crecer y convertirse en una voz fructífera entre nosotros. Demasiadas personas proféticas terminan haciendo lo que quieren y a su manera, lo que a menudo resulta en que se desconectan de la iglesia en conjunto. Mi esperanza es que el establecimiento de equipos proféticos pueda ayudar a prevenir algo del aislamiento y la rareza que tan fácilmente se puede asociar al ministerio profético en general.

En nuestra iglesia, invité a 15 personas a ser parte de nuestro equipo profético. Todos los miembros de nuestro equipo tienen un don profético o un corazón para la intercesión. Nos reunimos cada dos meses para compartir en comunidad, equipar, orar y dialogar mientras buscamos palabras del Señor para nuestra congregación. Entre una reunión y otra también hacemos varias cosas. Primero, todos leemos un libro que se centra en el ministerio profético con fines de equipar. En segundo lugar, envío unos cuantos correos electrónicos al mes con un enfoque de oración profético con respecto a uno de nuestros ministerios o algo más allá de las cuatro paredes de nuestra iglesia. En estos correos electrónicos les pido a los miembros de nuestro equipo que oren por algo específico y respondan enviando cualquier palabra que reciban del Señor. Entonces, tomo todas esas palabras y las pongo en un documento que edito antes de enviarlo a la persona que está directamente involucrada con el enfoque de oración específico para esa semana. ¿Te imaginas ser un pastor de jóvenes y que recibas un documento con 5-10 palabras proféticas para ti, tu ministerio, tus jóvenes y lo que Dios quiere hacer? El corazón de nuestro equipo es proporcionar una visión profética para cada líder, ministerio, e individuos específicos de nuestra iglesia.

Además de esto, se confía en nuestro equipo profético para compartir palabras congregacionales durante los servicios de la iglesia, así como en los servicios de adoración y reuniones de oración. Cuando un miembro del equipo tiene una palabra, yo subo al escenario con él, lo presento por su nombre como parte de nuestro equipo profético y le dejo profetizar. Una vez que haya terminado, me gusta recordar a todos que somos una iglesia que cree que el Espíritu Santo nos habla y nos invita a responder. Ayudar a la iglesia a entender estas cosas es parte del desarrollo de una cultura profética en la que se puede confiar y validar a lo largo de los años de servicio a Dios. El enfoque de equipo es una ayuda poderosa para el desarrollo de una iglesia profética porque no solo produce palabras proféticas, sino que también proporciona un gran ejemplo porque está compuesto por personas de la misma congregación.

Empodera una Cultura Profética

El desarrollo de una iglesia profética requiere que cultivemos una cultura que no solo le dé la bienvenida, sino que practique el don de profecía con mucha regularidad. La conformación de un equipo profético será contraproducente para el desarrollo de una iglesia profética si no empoderamos una cultura a su lado. He descubierto que estos principios son especialmente importantes para empoderar una cultura profética:

1. Desarrollar una visión profética

No se puede empoderar una cultura profética sin una visión clara. Esto significa que debemos hacer el duro trabajo de escribir LO QUE creemos y POR QUÉ lo creemos. Las siguientes podrían ser algunas declaraciones con Escrituras adjuntas que necesitarían ser seguidas con entrenamiento y protocolo. Por ejemplo:

- Creemos que cada cristiano puede escuchar la voz de Dios (Jn. 10:27).

- Creemos que cada cristiano puede profetizar (Hch. 2:17-21; 1 Co. 14:1).

- Creemos que el don profético fortalece a la iglesia (1 Co. 14:3).

- Creemos que Dios nos dará una dirección profética mientras oramos (Hch. 13:1-3).

Todos estos puntos podrían resumirse en una clara declaración de visión que diga, "La iglesia es un pueblo profético que puede escuchar la voz de Dios y profetizar a través del poder del Espíritu Santo". Una vez que tienes una declaración de visión puedes empezar a compartirla con la iglesia de forma regular con el objetivo de integrarla en el fluir de la vida de la iglesia.

2. Implementar entrenamiento profético

Ahora que tenemos una declaración de visión, necesitamos implementar entrenamiento periódicamente para toda la iglesia y no solo para el equipo profético. En nuestra iglesia tenemos varios enfoques para esto. Primero, ocasionalmente en nuestros servicios dominicales, tenemos una serie de sermones sobre cómo escuchar la voz de Dios. Además, ofrecemos dos clases enfocadas en esta dirección que proveen una base bíblica y práctica para cada persona de nuestra iglesia. La primera clase se llama "Escuchando la voz de Dios" y está enfocada completamente en escuchar la voz de Dios personalmente. La segunda clase, llamada "El Ministerio Profético", complementa la primera, centrándose totalmente en escuchar la voz de Dios proféticamente mientras aprendemos a profetizar.

Además de estas clases, hacemos referencia a y recomendamos algunos recursos específicos que ayudarán a desarrollar nuestro lenguaje y práctica como una iglesia profética. Como habrás imaginado, en nuestra iglesia usamos específicamente mis recursos, aunque también usamos algunos otros. No me malinterpretes, estoy a favor de que la gente lea y aprenda tanto como sea posible. Sin embargo, he notado en mis visitas a otras iglesias, que a menudo el liderazgo, los equipos y las iglesias no están unificados en sus pensamientos y prácticas porque cada uno de ellos enfatiza diferentes principios de diferentes autores. Recomiendo que cada iglesia elija unos pocos libros específicos que, junto con las Escrituras, sean de lectura requerida a medida que desarrollan los principios y protocolos que implementarán.

3. Fomentar la proclamación profética

Una vez que se ha establecido el entrenamiento profético regular, debemos dedicarnos a animar a la iglesia a ministrarse unos a otros proféticamente. Queremos que el don profético sea tan normal que alguien pueda asistir a cualquier grupo pequeño, reunión de jóvenes, o estudio bíblico y tenga la expectativa de dar o recibir una palabra profética.

Un consejo práctico sería animar a la gente en todas las reuniones de oración a escuchar al Señor y compartir lo que reciban. A veces, cuando facilito la oración antes del servicio, dirijo a la gente en un momento para esperar en el Señor y luego pregunto si alguien recibió algo profético. Cuando alguien comparte una imagen o una palabra profética, respondemos orando para que Dios haga exactamente lo que nos acaba de mostrar. Todo esto aporta normalidad y familiaridad a la voz del Espíritu Santo entre la gente a lo largo de los diversos ministerios de la iglesia.

La iglesia necesita ser animada a profetizar aun cuando ya sepan que pueden hacerlo. Incluso el apóstol Pablo tuvo que recordarle a Timoteo que pusiera en práctica su don: "Por eso te recomiendo que avives la llama del don de Dios que recibiste cuando te impuse las manos" (2 Ti. 1:6). Si eres líder y quieres una iglesia profética, tienes que aprender a dar el ministerio a los demás en lugar de hacerlo todo tú mismo. Claro, yo podría profetizar durante todas nuestras reuniones, pero todo lo que haría sería poner un reflector sobre mí, frustrar a la gente, y retener el fluir pleno de lo que Dios hace a través de Su cuerpo. En cambio, debo animar a la gente a avivar los dones y ponerlos en práctica, incluso si eso significa que yo debo dar un paso atrás para que otros puedan darlo hacia adelante.

Si eres líder y quieres una iglesia profética, tienes que aprender a dar el ministerio a los demás en lugar de hacerlo todo tú mismo.

4. Celebrar el cumplimiento profético

Dondequiera que haya la proclamación de una verdadera profecía también puedes esperar el cumplimiento de esa profecía. Necesitamos registrar las palabras que Dios nos da para que podamos interceder y regocijarnos juntos cuando llegue su cumplimiento. Las culturas proféticas más saludables que he visto hacen dos cosas muy bien. Equipan a la gente a profetizar más allá de las cuatro paredes de la iglesia, y comparten los testimonios del cumplimiento de Dios con regularidad. Celebrar lo que Dios ha hecho es una parte tan saludable del cuerpo de Cristo, y ciertamente parte de una iglesia profética.

Preserva el ministerio profético

Hay un trasfondo importante que debe ser parte de todo este proceso si queremos preservar una iglesia profética saludable a largo plazo. Me refiero al proceso de discernir y sopesar las palabras proféticas a medida que se comparten. Solo puedo pensar en unas pocas iglesias en las que he estado que implementan los principios de probar y sopesar las palabras proféticas congregacionales o personales.

Cuando el apóstol Pablo escribió a la iglesia de Tesalónica, parece claro que, en algún momento, dieron la bienvenida a los profetas para que les hablaran. Por el texto parecería que estos supuestos profetas declararon que Jesús ya había regresado, lo que causó un gran alboroto entre la iglesia. Por lo tanto, Pablo estableció un claro entendimiento del regreso de Jesús, para que estuvieran en paz (1 Ts. 4:13–5:11). Este desafortunado abuso del don profético hizo que los Tesalonicenses hicieran lo que muchos hacen hoy en día con el don profético: apagarlo completamente. Si bien es cierto que los abusos eran muy reales, Pablo trató de disuadirlos de esta reacción dándoles la siguiente amonestación:

*No **apaguen** el Espíritu, no **desprecien** las profecías, **sométanlo todo a prueba**, **aférrense** a lo bueno, eviten toda clase de mal* (1 Ts. 5:19-21, énfasis añadido).

Pablo comienza diciendo a la iglesia que no "apague" al Espíritu Santo. Con "apagar" quiere decir, no obstaculizar lo que el Espíritu quiere hacer, lo cual se refiere específicamente a la gente que estaba dando palabras proféticas. Obviamente, la iglesia no estaba interesada en escuchar palabras proféticas debido al abuso que había sufrido en el pasado. Estos abusos empujaron a la iglesia hasta el punto en que realmente "despreciaron" la profecía, lo que significa que sentían que no tenía ningún valor. Pablo busca sacarlos de esta mentalidad animándolos a examinar todas las profecías, o poner cada palabra a prueba. El objetivo de poner a prueba una palabra profética es recibir verdaderamente del Señor. Si automáticamente nos resistimos a las palabras proféticas cuando son pronunciadas, potencialmente estamos perdiéndonos de lo que el Señor está diciendo y deseando hacer en nuestras vidas.

Mientras que la iglesia de Tesalónica necesitaba un poco de ayuda para recibir nuevamente, la iglesia de Corinto estaba en una posición completamente diferente. La iglesia de Corinto estaba hecha un desastre. Buscaban ejercer una especie de espiritualidad egoísta y extravagante, por decir lo menos. Pablo les dio varias amonestaciones con la esperanza de que se volvieran espiritualmente sanos y útiles para aquellos que recibirían de su ministerio. En esencia, Pablo necesitaba ayudarles a podar su ministerio para que pudieran ser fructíferos de nuevo. Les dijo que toda la profecía del Nuevo Testamento es una visión parcial (1 Co. 13:9) de lo que Dios está diciendo y necesita ser examinada con cuidado por otras personas proféticas (1 Co. 14:29).

En esencia, Pablo necesitaba PROVOCAR a la iglesia de Tesalónica y PODAR la iglesia de Corinto, con el objetivo de PRESERVAR el ministerio profético entre ambas iglesias. Para preservar el ministerio profético, debemos saber cómo probar lo profético. He desarrollado una lista corta y práctica que puede ayudar a lograrlo.

1. Las palabras proféticas deben ser registradas

Con la tecnología de hoy en día, hay todo tipo de formas de registrar una palabra profética. Hay personas que generalmente me preguntan si pueden grabar en su teléfono una palabra que yo les doy, y mi respuesta siempre es, "Absolutamente". Personalmente, prefiero registrarlas por escrito siempre que sea posible, pero independientemente de cómo se haga, debemos ser conscientes de tener un registro preciso de las profecías que damos y recibimos.

2. Las palabras proféticas deben ser entendidas

Si se nos da una palabra y no tiene sentido, no hay ley que prohiba pedirle a la persona que aclare lo que vio o escuchó para que podamos entender mejor. Cuando la gente me hace preguntas sobre una palabra que compartí con ellos, siempre me alegra poder aclarar cualquier cosa que pueda. A veces, no podemos obtener más claridad en una palabra, pero si realmente lo necesitamos, creo que vale la pena pedirlo.

3. Las palabras proféticas deben ser escriturales

No toda palabra profética necesita tener un versículo bíblico adjunto, pero, como mínimo, no debe contradecir la Biblia. Además, es mi convicción que todas las palabras proféticas encuentran su raíz en las Escrituras, al menos principalmente. Por lo tanto, debemos conectar diligentemente los puntos de la Escritura y la profecía al probar lo que proviene de Dios.

4. Las palabras proféticas deben ser congruentes

A veces una palabra profética va en contra de todo lo que previamente tú mismo has escuchado de Dios. Por lo tanto, si no recibimos una nueva dirección del Señor personalmente, es seguro asumir que la palabra no es exacta. Las palabras proféticas deben ser congruentes con lo que Dios ya nos ha hablado y con aquellas cosas que han sido bien establecidas en nuestras vidas.

5. Las palabras proféticas deben ser confirmadas

Cuando recibimos una palabra profética sobre algo que no hemos considerado previamente, debemos pedirle al Espíritu Santo una confirmación. El discernimiento es tan vital en el proceso de evaluación que debemos ser diligentes en pedirle a Dios que nos ayude a saber qué proviene de Él.

6. Las palabras proféticas deben ser revisadas por otros

Si la palabra profética va más allá de algo simple, siempre debemos invitar a amigos confiables al proceso de discernimiento.

Escuchamos mejor a Dios en comunidad, así que asegúrate de compartir palabras proféticas con amigos que sepas que realmente caminan con el Señor.

7. Las palabras proféticas deben ser revisadas por ti

No todas las palabras proféticas pueden ser confirmadas rápidamente, ni debe ser así. Por lo tanto, es mejor colocar la palabra a un lado y seguir avanzando hacia lo que tienes por delante. Sin embargo, es una buena práctica revisar periódicamente las cosas que has escuchado de otros y ver si has recibido más claridad o discernimiento al respecto. Personalmente tengo un documento en mi computadora que tiene unas cuantas páginas con palabras con las que yo no sé qué hacer. Cada cierto tiempo reviso el documento en oración para ver si algo ha cambiado.

Estos siete principios realmente pueden ayudarnos a preservar el ministerio profético mientras desarrollamos juntos una iglesia profética. Seguir principios sólidos como estos reproducirá una cultura saludable, ¡que es exactamente lo que queremos en nuestras iglesias!

Proteje la Integridad Profética

Siempre que hablo con alguien sobre el ministerio profético, a menudo puedo darme cuenta si han sido afectados por una versión que fue dañina o simplemente extraña. Entiendo totalmente que hay iglesias e individuos que le han dado mala fama a lo profético. Tengo mucha compasión por las personas que han sido afectadas negativamente por algunas cosas que son llamadas proféticas, pero que son extrañas, sobre-espirituales, no saludables, o peor. También entiendo la razón por la que tantos pastores prefieren no tratar con nada relacionado a este tema debido a los problemas potenciales que puede traer. Dicho esto, sigo pensando que podemos recuperar el verdadero propósito y poder del ministerio profético en nuestras iglesias. Pero eso solo sucederá siendo realmente intencionales.

Una vez estaba en el servicio de una iglesia cuando de repente, durante la adoración, una dama desconocida a unas diez filas atrás comenzó a gritar una palabra profética. No podía oír lo que decía, y aunque hubiese podido, no era muy comprensible de todos modos. El pastor de la iglesia toleró el arrebato de la mujer durante unos diez segundos antes de tomar un micrófono, subir al escenario y, amorosamente, pedirle que se detuviera. Todos sabíamos que el pastor tenía que corregirla, pero cuando lo hizo, sentí que varias personas en el servicio pensaron que se había equivocado al hacerlo. Esa fue la parte extraña para mí. La incomodidad de la corrección se sintió más fuerte que la incomodidad del arrebato.

Esta situación es algo que he experimentado varias veces como líder. Durante una de nuestras conferencias, observé a algunos jóvenes moverse por el santuario, ministrando a varias mujeres jóvenes. Nunca había visto a ninguno de estos jóvenes antes, así que me acerqué y les pregunté si podíamos hablar en el vestíbulo. Cuando salimos, les dije que los había observado orando por la gente durante el tiempo de ministración y les pregunté si conocían a alguna de las personas por las que habían orado. Uno de los chicos me dijo específicamente, "No, simplemente comencé a orar por quien el Espíritu Santo me dijo que orara". Entonces le dije que no permitimos a nadie, que no conozcamos personalmente, ministrar a la gente en nuestra iglesia o durante nuestras conferencias. Él respondió, "Bueno, tengo que obedecer a Dios y no al hombre, así que estoy seguro de que puedes entender". En ese momento supe que esto no iba a mejorar, así que fui al grano y dije, "Fuera de esta iglesia eres libre de hacer lo que quieras, pero mientras estés entre nosotros como invitado, no puedes hacerlo o tendrás que irte". Esta conversación continuó durante unos minutos más hasta que les pedí amablemente a todos que se fueran.

Una de las razones por las que pasan tantas rarezas en torno a lo profético es porque no hacemos la corrección necesaria. En ambas historias que acabo de compartir, era bastante obvio que había personas presentes que sintieron que la corrección fue dura, inmadura e innecesaria. En realidad, es

Una de las razones por las que pasan tantas rarezas en torno a lo profético es porque no hacemos la corrección necesaria.

todo lo contrario y eso es parte del problema. Los líderes necesitan liderar. A veces la gente no entiende cómo la corrección encaja con la gracia, la tolerancia, la práctica de los dones, etc. Pero puedo decirte que es mucho mejor corregir una situación cuando sucede que dejar para mañana la corrección que debemos hacer hoy y creer que las cosas van a cambiar. No van a cambiar por sí solas, y es por eso que tenemos iglesias que no permiten lo profético o terminan rindiéndose al modelo de "todo se vale". ¿Reconoces el enfoque de "todo o nada" de las iglesias que estudiamos anteriormente (Corinto y Tesalónica)?

Muchos de nosotros estamos cansados de las rarezas proféticas, por lo que debemos ser diligentes al tratar con ellas. Al hacer eso, puedo parecer alguien que no es "abierto", o que incluso "apaga" el Espíritu. La verdad es todo lo contrario. Simplemente sé lo que sucederá si le abrimos la puerta a esas rarezas o si se la cerramos a lo profético, y ninguna de estas opciones es bíblica ni razonable. Tengo compasión por las personas que han sido parte de entornos proféticamente extraños, y quiero ayudarlos a integrarse y ser fructíferos. Teniendo esto en cuenta, regularmente tengo conversaciones difíciles con personas que definitivamente son malinterpretadas por la manera en que comparten las palabras proféticas, y lo hago porque es muy importante ser honestos el uno con el otro y buscar el crecimiento saludable de la iglesia, incluso a costa de la relación.

Algo tan precioso como el don profético será mal utilizado, malinterpretado e incluso atacado. Sabiendo esto, somos responsables de corregir cualquier cosa, grande o pequeña, cuando se desvíe de su curso y así poder asegurarnos de que tenemos lo mejor de lo mejor en medio nuestro. ¡Creo que proteger la integridad profética es importante para que sigamos avanzando mientras desarrollamos una iglesia profética!

NOTAS FINALES

1. John Paul Jackson, *Desenmascarando el espíritu Jezabel.* (Flower Mound: Streams Creative House, 2014).
2. *Nueva Concordancia Exhaustiva Estándar Americana de* la Biblia, Robert L. Thomas, ed. (Nashville: B&H Publishing Group, 1981), *nebuah,* número de Strong 5016.
3. *Nueva Concordancia Exhaustiva Estándar Americana, naba,* número de Strong 612a.
4. R. Laird Harris, Bruce K. Waltke, y Gleason L. Archer, Jr., *Manual Teológico del Antiguo Testamento.* (Chicago: Moody Publishers, 2003), *naba,* pág. 544.
5. *Nueva Concordancia Exhaustiva Estándar Americana, prophêteia,* número de Strong 4394.
6. W. E. Vine, Merrill F. Unger, y William White, Jr., *El Diccionario Expositivo Completo de la Palabra del Antiguo y Nuevo Testamento de Vine.* (Nashville: Thomas Nelson Editores, 1984, 1996), edición Kindle, Localización 39892.
7. Joseph H. Thayer, *Léxico Griego-Inglés del Nuevo Testamento de Thayer: Codificado con los números de la Concordancia de Strong.* (Peabody: Hendrickson Publishers, Reedición, 1995), 552.
8. *Nueva Concordancia Exhaustiva Estándar Americana, prophêteuô,* número de Strong 4395.
9. *El Diccionario Expositivo Completo de Vine,* edición Kindle, Localización 39907.
10. *Nueva Concordancia Exhaustiva Estándar Americana de* la Biblia, número de Strong 5030.
11. *Manual Teológico del Antiguo Testamento,* 544.
12. *Manual Teológico del Antiguo Testamento,* 823.
13. https://www.britannica.com/topic/White-House-press-secretary
14. *Diccionario Bíblico Ilustrado Holman,* Chad Brand, Charles Draper, Archie England, eds. (Nashville: Holman Bible Publishers, 2003), 841.
15. The Didache: *La enseñanza de los Doce Apóstoles,* R. Joseph Owles, trans. (Createspace Independent Pub, 2014), 20-21.
16. https://www.merriam-webster.com/dictionary/disillusioned

SOBRE EL AUTOR

Benjamin Dixon es el pastor principal de la Iglesia del Noroeste y el director de Ignite Global Ministries. También es el autor de *Escuchando a Dios* y el fundador de la Escuela de Discipulado de Inmersión, un programa de discipulado en línea que ha equipado a miles de personas para conocer a Dios personalmente y llegar a los demás de manera efectiva. Junto con su esposa Brigit, tienen cuatro hijos y viven en Federal Way, Washington.

facebook.com/PastorBenDixon

instagram.com/MrBenDixon

twitter.com/MrBenDixon

El ministerio de Ben aporta sabiduría práctica a través de una enseñanza bíblica sólida y un claro ministerio profético que sobrepasa las cuatro paredes de la iglesia. Su ministerio imparte confianza para escuchar la voz de Dios y la convicción de llegar a la gente en todas partes con el evangelio de Jesucristo.

Si estás interesado en que Ben ministre en tu iglesia o en tu evento, por favor ponte en contacto con él a través de la siguiente información y él considerará en oración tu solicitud.

Página web de Ignite Global Ministries: www.IgniteGlobalMinistries.org
Escuela de Discipulado de Inmersión: www.ImmersionDiscipleshipSchool.com
Ignite Global Ministries Email: info@igniteglobalministries.org

- facebook.com/igniteglobalmin
- instagram.com/igniteglobal
- twitter.com/IgniteGlobalMin
- youtube.com/IgniteGlobalMinistries

El número de teléfono de la oficina de Ignite Global: (425) 239-6528

Si realmente quieres escuchar a Dios en tu vida, entonces tu enfoque debe ser conocerlo a Él, no solo conocer acerca de Él. -Escuchando a Dios

En el primer libro de Benjamin Dixon, *Escuchando a Dios*, se explora lo que significa escuchar la voz de Dios en nuestra vida cotidiana. Con claridad bíblica y conocimiento práctico, este libro aborda un tema que a menudo se malinterpreta y se confunde en medio de una generación que realmente quiere saber si Dios está hablando hoy en día. Este libro te desafiará a estudiar la Palabra de Dios, a profundizar tu vida de oración y obedecer la voz del Espíritu Santo.

"Todos podemos escuchar la voz de Dios, solo que a veces necesitamos ayuda real para discernir cómo descubrir una relación real con Dios. Este libro es esa ayuda."

-Phil Manginelli
Pastor Principal de The Square

"Como un manual del ministerio, *Escuchando a Dios*, es conversacional, práctico y factible. Te encontrarás diciendo, 'No puede ser tan simple'. ¡Pero lo es!"

-Daniel A. Brown, PhD
Autor de *Embracing Grace* y *The Journey*

PUEDE ADQUIRIRLO EN CUALQUIER LIBRERÍA CERCA A USTED.

Made in the USA
Middletown, DE
23 January 2023

22566907R00119